# 别输在

# 不懂管理上

让领导者在管理上得心应手

迅速提升领导管理能力的智慧手册

王　雄◎编著

中国出版集团

中译出版社

图书在版编目（CIP）数据

别输在不懂管理上 / 王雄编著 . —北京：
中译出版社，2020. 1
ISBN 978 - 7 - 5001 - 6147 - 9

Ⅰ. ①别… Ⅱ. ①王… Ⅲ. ①管理学 - 通俗读物
Ⅳ. ①C93 - 49

中国版本图书馆 CIP 数据核字（2020）第 016198 号

**别输在不懂管理上**

**出版发行 /** 中译出版社
**地　　址 /** 北京市西城区车公庄大街甲 4 号物华大厦 6 层
**电　　话 /**（010）68359376　68359303　68359101　68357937
**邮　　编 /** 100044
**传　　真 /**（010）68358718
**电子邮箱 /** book@ ctph. com. cn

| | | |
|---|---|---|
| **策划编辑 /** 马　强　田　灿 | **规　　格 /** | 880 毫米 × 1230 毫米　1/32 |
| **责任编辑 /** 范　伟　吕百灵 | **印　　张 /** | 6 |
| **封面设计 /** 君阅书装 | **字　　数 /** | 135 千字 |
| **印　　刷 /** 三河市嵩川印刷有限公司 | **版　　次 /** | 2023 年 1 月第 1 版 |
| **经　　销 /** 新华书店 | **印　　次 /** | 2023 年 1 月第 1 次 |

ISBN 978 - 7 - 5001 - 6147 - 9　　　　定价：32. 00 元

# 前　言

　　几乎每一个企业都或多或少面临同样的管理难题，如不好打交道的老板、不给力的员工、复杂的办公室"政治"、枯燥的会议、难以落实的决议，以及大量优秀人才的流失与暮气沉沉的团队。

　　当市场环境整体向好时，企业带着这些问题同样可以生存甚至发展。而当企业一旦置于全球经济危机、外贸剧减、内需不振、人力资源紧俏的大背景之下，这些问题就会直接威胁到企业的生存。

　　可以说，没有任何一个时代像现在这样激烈竞争，却又获得如此少的利润。是的，我们正面临"前所未有的挑战"，企业急需"产业升级"，管理者自身也急需升级，否则只能惨遭"腾笼换鸟"的命运。

　　面对新的市场规则，企业管理所面对的人群也在发生重大变化。"95后"以及马上将步入职场的"00后"，他们比"80后""70后"更崇尚自由与个性。他们不再是为了生计而工作，而是为了兴趣、成就感而上班。这给管理人提出了新的挑战。

在过去的三四十年间，一批企业率先主动转换经营体制，加强企业管理，成功地进入市场，闯出了一条在新形势下搞企业的路子。但是，与经济体制改革和经济发展的要求相比，企业管理仍落后许多，不少企业不能适应新形势下的市场经济要求，因而陷入重重困境之中。企业迫切需要一套先进的、高效的管理方法，作为指引它们摸索前进的一盏航灯。

在编著本书期间，编者吸收了许多国内外先进的企业管理经验，整理出一套容易操作且行之有效的管理方法。愿每一位读者都能学以致用，做一个更好的管理人。

作者

# 目 录

**第一章　现代管理理论**

一只跑表的理性：科学管理 / 2

放手让年轻人去做：X-Y 理论 / 4

大订单如期完成：Z 理论 / 7

美军为什么能赢：学习型组织 / 10

蒙着眼睛的马：目标管理 / 14

日本商品的崛起：戴明理论 / 17

**第二章　人本管理艺术**

本田道路：海豚式管理 / 22

CEO 不重要：倒金字塔管理 / 25

锯掉椅子靠背：走动式管理 / 28

亨氏的短吻鳄：快乐管理 / 31

顾客并不是总对：以员工为本 / 33

紧张的新兵：幽默管理 / 37

## 第三章　制度永不败

莫让管理流于人治 / 42

制度是管理的保障 / 45

要兼顾公平与效率 / 50

制度面前人人平等 / 53

制度让责权更明确 / 57

遵守制度，树立权威 / 61

赏罚一定要严明 / 65

管理者要做到明察秋毫 / 69

## 第四章　用人的艺术

聘用人才，沙里淘金 / 74

用人不疑，疑人不用 / 81

敢用比自己强的人 / 85

利用企图心引爆驱策力 / 88

满足员工不同需求 / 92

用授权激发潜力 / 96

有效授权的几个原则 / 99

给员工适度的个性空间 / 101

适时扩大下属的职责 / 103

第五章　拆除阻断沟通的墙

别让办公室紧闭 / 108

密切关注员工的声音 / 109

倾听的力量与技巧 / 112

做好一对一交流 / 114

沟通更在语言外 / 120

用热忱感染下属 / 125

批评的艺术 / 130

交谈中的忌讳 / 132

下属顶撞自己怎么办 / 133

处理"刺头"技巧要高明 / 134

第六章　打造执行力强的团队

管理大师都是造梦大师 / 138

走出小圈子，改造小圈子 / 140

为员工消除不安因素 / 142

化解冲突，促进合作 / 145

给员工提供事业发展空间 / 152

积极推动良性竞争 / 154

实行个性化奖励 / 155

想办法留住人才 / 158

## 第七章　管理人的自我管理

转变你的"官"念 / 162

管理者要以身作则 / 164

管理应该平易近人 / 168

领袖气质成就威望 / 170

做好你的时间管理 / 172

管理者容易犯的病 / 177

# 第一章
## 现代管理理论

　　现代管理理论的发展，可以浓缩成一句话：让管理更科学，让科学更人性。管理学界没有放之四海而皆准的真理。时代背景的不同，文化背景的差异，发展水平的高低，国家政策的区别，都会对管理产生重大影响。我们需要的是从不同的管理理论中得到不同的启示，在不断试错中寻求更为合理的发展途径。

## 一只跑表的理性：科学管理

科学管理的诞生，和一只跑表、一个叫泰勒的人有关。泰勒全名弗雷德里克·温斯洛·泰勒（1856—1915），是美国著名管理学家，经济学家，被后世称为"科学管理之父"，其代表作为《科学管理原理》。

1898 年，23 岁的泰勒在美国伯利恒钢铁厂做了一个重要的实验。这个工厂的铁块是由一组记日工搬运的，工人每天挣 1.15 美元，这在当时是标准工资。工人一天搬运的铁块重量为 12 ～ 13 长吨（1 长吨 ≈ 1.02 吨），做得多一点的会得到口头表扬或做等级工领略高的工资，做得不够好的则被批评或辞退。

泰勒相信，即使是搬运铁块这样的工作，也是一门科学，可以用科学的方法来管理。泰勒观察研究了 75 名工人，最后挑了一个叫施密特的人。泰勒要求这个人按照新的要求工作，每天给他 1.85 美元的报酬。泰勒手持跑表，对每一个工序进行分解，得出最优的工作流程与标准。例如，究竟是弯腰搬运还是直腰搬运好？行走的速度与路线如何最优？手抓原料的位置在何处更科学？

通过长时间的观察试验，并把劳动时间和休息时间很好地搭配起来，泰勒发现：如果按照自己设计的工作流程与规范，工人每天的工作量可以提高到 47 长吨，而且不会感到太疲劳。

于是，泰勒采用了计件工资制：如果工人每天搬运量为47吨，则可以拿到1.85美元的工资，多劳多得，少劳少得。实施计件工资的第一天，施密特很早就搬完了47.5吨，拿到了1.85美元的工资。于是其他工人也渐渐用泰勒的方法来搬运，劳动生产率提高了很多。

后来，泰勒又做了一些实验，如铁砂和煤炭的挖掘实验，金属切削实验。通过实验，逐渐形成与完善了泰勒的科学管理思想。其管理思想主要有以下七点。

一是工作定额：通过对时间与动作的研究，制定了科学的操作方法，并据此定出合理、有效的日工作量标准。

二是科学地挑选和培训工人：让工人接受新方法；对他们进行训练和帮助，使他们获得足够的技能；按科学的方法工作会节省体力。

三是标准化：工人掌握标准化的操作方法，使用标准化的工具、机械和材料，并把工作环境加以标准化，从而形成一整套标准化制度。

四是差别计件工资制：制定不同的工资率。

五是计划职能与执行职能分离：计划由管理当局负责，执行由工长和工人负责。

六是职能管理原理：管理职能的分工和专业化。

七是例外事件原则：没有纳入标准的事件称为例外事件。

科学管理最大的贡献在于：创造了以科学调查研究指导管理活动的管理理论，开辟了不依赖传统的经验和直观的判断而运用科学方法进行管理的新纪元。但随着时代的发展，科学管理的弊端也日益显露。

科学管理将人完全机器化。工人是"经济人"，工人工作只是为了赚取工资。这种纯理性的管理，重视技术性的因素，忽视了人群社会性的因素。就像泰勒所说的："我雇你们来是为了用你们的体力和操纵机器的能力。至于用头脑，我们另外雇了人。"这无疑加快了脑力劳动与体力劳动的分离，加剧了劳资之间的矛盾。同时，科学管理使分工越来越细，管理越来越专横，工人感到工作乏味，渐渐成为机械的附属品。

歌德说过，一个人的缺点来自他的时代，而他的成功与伟大却属于自己。泰勒及其科学管理理论正是如此。泰勒的科学管理理论符合 19 世纪末 20 世纪初的大环境。那时，美国劳工绝大多数未受过教育，不善表达自己，对工厂体系也不习惯。对他们来说，严格规定的工作步骤更能保证效率与质量。

1915 年，泰勒去世，终年 59 岁。在他死后的 100 年里，管理方法一直在革新与进步，但他的科学管理思想始终是现代企业管理最重要的柱石和基本体系。

## 放手让年轻人去做：X-Y 理论

日本"经营之神"松下幸之助先生，是一个很善于调动员工积极性的管理高手。他从不认为自己多么优秀，喜欢对下属们说："我对这件事情没有自信，但我相信你一定能够做得到，所以就交给你去办吧！"听到董事长的这番话，下属们总是会因受到重视而竭尽所能把事情做好。

1926 年，松下电器公司打算在金泽市设立营业所。谁去主持这个营业所呢？谁最合适呢？备选人有不少，都是一些经验丰富的资深管理人员，但这些人在总部都各司要职，很难脱身。这时，松下幸之助想起了一位年轻的业务员。这个业务员当时只有二十岁出头，松下决定派这个年轻的业务员担任金泽营业所的负责人。

松下找到那个年轻的业务员，直接对他说："公司决定派你去金泽的新营业所主持工作，现在你就立刻过去，找个适当的地方，租下房子，设立一个营业所。我已经准备好一笔资金，让你去全盘负责。"

听完松下的话，业务员大吃一惊，怯生生地问："这么重要的工作让我这个新人去做不太合适吧……"松下用不容置疑的口吻说："没有做不到的事情，你一定可以的。战国时代（日本也有战国时代——编者注）的零藤清正、福岛正泽这些武将，都在十几岁时就非常活跃了。你现在已超过二十岁了，不可能这样的事情都做不来。放心吧，我相信你，你一定能做到。"

这个年轻人于是来到金泽，全心全力地开始了工作。他几乎每天给松下写一封信，向他汇报自己的工作进展。很快，金泽的筹备工作就圆满完成，松下从大阪派了三名员工过去，营业所正式开业。

松下幸之助在经营管理上有很多独到之处，如自来水经营哲学、水坝式经营法则、玻璃式经营法则、尺蠖虫理论、"70分"用人观。他经常将"授权"与"信任"作为一种激励手段，他认为一个受上司信任、能放手做事的人往往也会有较高的责任感，工作起来会迸发出更大的热情。

很显然，松下幸之助的管理方法超越了泰勒的科学管理，更接近于"Y 理论"。1957 年，美国管理学家道格拉斯·麦格雷戈在其著作《企业的人性面》中提出了"X—Y 理论"，把泰勒的科学管理学称为"X 理论"，把他自己的管理学说称为"Y 理论"。

X 理论认为：多数人天生懒惰，尽一切可能逃避工作；多数人没有抱负，宁愿被领导批评、怕负责任，视个人安全高于一切；对多数人必须采取强迫命令或软硬兼施的管理措施。

Y 理论的看法则正好相反：一般人本性不是厌恶工作，如果给予适当机会，人们喜欢工作，并渴望发挥其才能；多数人愿意对工作负责，寻求发挥能力的机会；能力的限制和惩罚不是使人去为组织目标而努力的唯一办法；激励在需要的各个层次上都起作用；想象力和创造力是人类广泛具有的。

因此，人是"自动人"。激励的办法是：扩大工作范围；尽可能把职工工作安排得富有意义，并具有挑战性；工作之后引起自豪，满足其自尊和自我实现的需要；使职工达到自我激励。只要启发内因，实行自我控制和自我指导，在条件适合的情况下就能实现组织目标与个人需要统一起来的最理想状态。

X 理论假设较低层次的需要支配着个人的行为，Y 理论则假设较高层次的需要支配着个人的行为。每一种管理理念都有其时代局限性。与 X 理论的假设相比，Y 理论更加注重挖掘员工自身的潜力。让员工参与决策，为员工提供富有挑战性和责任感的工作，建立良好的群体关系，这些都会极大地调动员工的工作积极性。在过去的数十年中，世界许多大的公司企业都较为坚定地相信麦格雷戈的 Y 理论，他们相信人是愿意负责、具有创造性和进取心的，每一位员工应当受到尊重和值得信任。并据此制定了大量的人才招聘、培训、选拔和激励制度及方案，结果在实践中获得了巨大的成功。Y 理论的管理要点有如下五点。

第一，管理要通过有效地综合运用人、财、物等生产要素来实现企业的各种目标。

第二，把人安排到具有吸引力和富有意义的岗位上工作。

第三，重视人的基本特征和基本需求，鼓励人们参与自身目标和组织目标的制定。

第四，把责任最大限度地交给工作者。

第五，要用信任取代监督，以启发与诱导代替命令与服从。

麦格雷戈在《企业的人性面》一书中把 Y 理论称为"个人目标与组织目标的结合"，他认为关键不在于采用强硬的或温和的方法，而在于要在管理思想上从 X 理论变为 Y 理论。

## 大订单如期完成：Z 理论

一个聪明的管理者，不会整日在办公室里闭门造车。他们善于通过各种方法使他的下属认识到自己所处的位置、所从事的工作是与整个组织的运作息息相关的。面对难题，他会和下属一起探讨解决之道，并充分尊重下属的意见。如此，不仅可以考验员工的才能，还能激发员工的参与兴趣和激情。而员工们则会义无反顾地把自己的精力全部投入到事业之中。

西洛斯·梅考克，是美国国际农机商用公司的创始人。他的创业生涯是从一个小的机械制造厂起步的。有一次，他接了一个大订单。因为车间本来就在赶货，要如期完成这个大订单几乎不可能。梅考克并没有下死命令，让工人不惜一切代价如期完成，而是把工人都召集到一起，解释了一下面临的情况。梅考克告诉他们，如果他们能按期完成这个大订单，对于公司和他们自己都具有的重要性。

接着，梅考克开始提出问题，他问大家：

"我们还有什么别的办法来完成这一大批订货吗？"

"谁还能想出其他的办法来处理这笔订货？"

"有没有办法调整我们的工作时间或人力配备，以便有助于突击完成这批货？"

工人们议论起来，大家畅所欲言，纷纷提出了各种建议。梅考克综合大家意见之后，终于形成了如期完成订单的方案。

工人们因为通过这次讨论，都迸发出强烈的干劲与责任心。结果，订单如期完成。


作为管理者，你可以下一个强硬的指令，让员工必须完成某个目标。你也可以像梅考克那样，摆事实、讲道理，促使员工的自我目标融入企业的整体目标之中。这种融入，会树立起员工的主人翁意识，鼓励员工的创造性和积极性，使员工的才智得以充分发挥。所谓的自动自发，多数时候就是源于员工将自身的目标融入企业的整体目标之中。

梅考克的管理，暗合了日裔美籍管理学家威廉·大内所提倡的Z理论。大内在研究了日本企业之后，提出了"Z理论"，强调组织管理的文化因素，并认为组织在生产力上不仅需要考虑技术和利润等硬性指标，而且还应考虑软性因素，如信任、人与人之间的密切关系和微妙性等。如果说 X 理论和 Y 理论体现了西方的管理原则，Z 理论则强调在组织管理中加入东方的人性化因素，是东西方文化和管理哲学的碰撞与融合。

大内是加利福尼亚州立大学的管理学教授，获得了斯坦福大学企业管理硕士、芝加哥大学企业管理博士，担任数家《财富》500强企业的顾问。他发现日本企业的生产率普遍高于美国企业，而美国在日本设置的企业，如果按照美国方式管理，其效率便较低。于是，从 1973 年开始，大内专门研究日本企业管理，经过调查比较日美两国管理的经验，他提出了"Z 理论"。《Z 理论》于 1981 年出版后，立即得到各国管理界和管理学者的注意，并引起了广泛的重视，成为畅销书，对企业管理产生了深远的影响。Z 理论内容基本可以简述如下：

第一，畅通的管理体制。下级与上级的沟通渠道一定要保持畅通，重大决策鼓励员工参与讨论。

第二，基层管理者享有充分的权利。基层管理者享有对基层问题的处理权，有权在公司制度框架内制定更符合本团队实际情况的制度。

第三，中层管理者起到承上启下的作用。中层管理者要起到统一思想的作用，统一向上报告有关情况，并提出自己的建议。

第四，长期雇佣员工，及时整理和改进来自基层的意见。绝不轻易裁员，即便在经济危机时期。这样可以增加员工的安全感和归属感，让员工真正愿意与企业共荣辱、同命运。

第五，重视员工的福利。重视员工福利，用福利保障员工无后顾之忧，用福利提升员工的快乐感。

第六，营造人性化的工作环境。尽量改造单调枯燥的工作环境，让员工在一个生动的、有趣的环境里工作。

第七，重视员工的再培训。通过有针对性的培训，提升员工的技能与素质。

第八，员工考核绝不松懈。全面评定员工各方面的表现，长期坚持下去，作为晋升的依据。

## 美军为什么能赢：学习型组织

在海湾战争中，美军的表现引发了全世界军事专家的兴趣。美军为什么在不到 40 天里，干净利落地击败了伊拉克？武器的先进是美军获胜的一个重要因素，但并非唯一因素。我们知道，战场之上，并非武器决定一切，美军在越战中的失败，苏联在阿富汗的败北，都是有力的佐证。

在硝烟弥漫的路易斯安娜的蒲科堡垒美军训练基地，几个全副武装的士兵正在散兵坑旁热烈地讨论。这是美军在执行"行动后评论"（以下简称 AAR）的任务。

AAR 是美军的必修课。美军上校沃瑞·纳戈这样解释 AAR："它是在军队行动结束时参与者立即集合在一起，可能在山坡上、教室里、树荫下，来讨论'我们开始打算做什么？我们实际做了什么？为什么有差异？'"

在一次 AAR 上，费茨基拉德上校这样对士兵们说："现在我们的要点是如何改进一些薄弱点，并且对仍需要很好调整的地方做进一步改善。"

俗话说：养兵千日，用兵一时。养兵时，严苛的军事技能训练必不可少。等真正到了战场，一个小细节的疏忽或失误，很可能导致士兵的牺牲乃至战役的失败。而美军的 AAR 系统，实际是帮助军队不重犯错误的。

美军的 AAR 系统已经实现流程标准化。首先，主持者（长官）将任务分解，每一个步骤都落实到人。等执行完毕后，再从三个方面来总结与反思：最初的意图是什么？实际完成得如何？我们怎样保持已有成就，改正失误？

美军的 AAR 具有三个明显特征。一是持续，在完成每项任务后，每一个分队，不论它位于何种层次，都要始终如一地执行 AAR。二是记录，在 AAR 中形成的结论和决定总是由一个指定的人来记录。三是风气，AAR 要求所有人都坦率，可以很自由地承认自己的错误，也可以自由地批评上司的行为。

1994 年，美军去海地执行维和任务。维和在当时是一个新生的事务，身处一个复杂的环境中，并且处处受到维和制度的约束，这一切迫使美军迅速调整自己的战略战术。就像一个公司突然进入一个陌生的市场，美军当时面临着许许多多未知的情况。没有选择，只有行动——然后尽可能多地从中学习。为了加快学习速度，部队认真贯彻 ARR。

迈克尔·崔瀚上校是空军中队指挥官，他清楚地记得在海地做的每一项军事行动都执行 AAR。其中一些只是手写的、潦草的。比如如何跟踪通过交通控制点的车辆，如何填写关于日常事件的行动日志。每一个指挥官执行了一个特定的任务后要写出：军事行动的概念、结果、趋势、建议、维持、改进。

在海地，每周都会产生许多记录，中层官员的工作是从中提取精华并形成学习材料。然后按照两个途径传播这些信息，一是平级分发，发给其他分队的对应中层官员；二是垂直传播，传给高层军官，最后形成在全军分发的学习材料。

5个月后，当第二批部队到达时，他们拥有了第一批部队总结的所有知识。第一批部队总结的24个主要经验，让第二批部队受益极大。第二批部队在实际任务中，又总结出不少有用的经验给后来者。就这样，美军维和的战术越来越完善……

战场之上，很多时候比的不是谁做对的地方多，而是比谁做错的地方少。美军通过建立这种学习型组织，使犯错误的可能性降低，并可以做好最充分的能力准备，极大提高了作战能力。

通过对美军学习型组织的了解，我们可以看出建立学习型组织，并非强化学习和培训那么简单。学习和培训只是外在的表象，其内核是在组织内部打造"组织思维能力"，建立组织自我的完善路线图。其实现方法则是："发现→纠错→成长"。

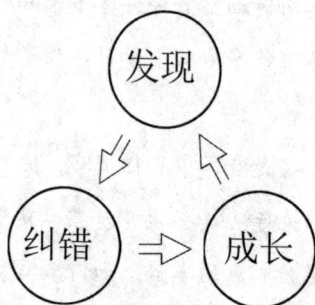

学习型组织最初的构想源于美国麻省理工学院的佛睿斯特教授。1965 年，他发表了一篇题为《企业的新设计》的论文，构想出未来企业组织的理想形态——层次扁平化、组织信息化、结构开放化，逐渐由从属关系转向为工作伙伴关系，不断学习，不断重新调整结构关系。这是关于学习型企业的最初构想。

作为佛瑞斯特的学生，彼得·圣吉在老师的成果上发展出一种全新的组织概念。他用了近十年的时间对数千家企业进行研究和案例分析，于 1990 年完成其代表作《第五项修炼——学习型组织的艺术与实践》。他指出，现代企业所欠缺的就是系统思考的能力。它是一种整体动态的搭配能力，因为缺乏它而使得许多组织无法有效学习。之所以会如此，正是因为现代组织分工、负责的方式将组织切割，而使人们的行动与其时空上相距较远。当不需要为自己的行动结果负责时，人们就不会去修正其行为，也就是无法有效地学习。

建立学习型组织并没有统一的模式，但以下五项要素是必备的：

一是建立共同愿景。通过愿景凝聚公司上下的意志力。

二是团队学习。通过集体思考和分析，找出个人弱点，强化团队向心力。

三是改变心智模式。组织的障碍大多来自个人的旧思维，而通过团队学习可以改变心智模式，有所创新。

四是自我超越。个人有意愿投入工作，专精工作技巧的专业，个人与愿景之间有种"创造性的张力"，正是自我超越的来源。

五是系统思考。通过加强信息搜集力度，掌握事件的全貌，从全局的高度厘清问题的本质。

《第五项修炼——学习型组织的艺术与实践》是一本关于建立

学习型组织的必读"圣经"。该书一出版即在西方产生极大反响，作者彼得·圣吉也被誉为 20 世纪 90 年代的管理大师。

## 蒙着眼睛的马：目标管理

目标管理（MBO）的概念是美国管理专家彼得·德鲁克提出来的。1954 年，他在《管理的实践》中最先提出这个概念。德鲁克认为，管理人员一定要避免"活动陷阱"，不能只顾低头拉车，而不抬头看路，最终忘了自己的主要目标。

有两匹马从小一起长大，一匹是红棕色的，另一匹是白色的，它们是好朋友。

有一天，红棕色的马被主人选中，通过丝绸之路前往中国做生意。白马则被送到磨坊，每天蒙着眼睛拉磨。

红棕色的马从欧洲出发，运送珠宝到长安。再从长安运回瓷器、丝绸。历经浩瀚无边的沙漠、高耸入云的山峰、炽热的火山、一马平川的草原……

回到欧洲后，红棕色的马将自己的见闻告诉了白马，白马听了大为惊异，感叹道："你是多么勇敢与坚强！走了那么遥远的路途，我连想都不敢想。"

红棕色的马对白马说："其实，我们走的路程远近都差不多，当我向中国前进的时候，你也一刻没有停步。不同的是，我同主人有一个遥远的目标，按照始终如一的方向前行，所以我们走进了一个广阔的世界。而你被蒙住了眼睛，一直围着磨盘打转……"

因为有了目标，一切行动即围绕目标而展开。再艰难的任务，也会在目标的吸引下一点点接近、接近，直至达成。就像管理大师彼得·德鲁克所说的："目标并非命运，而是方向。目标并非命令，而是承诺。目标并不决定未来，而是动员企业的资源与能源以便塑造未来的那种手段。"

目标管理的一个重要概念是，企业战略规划不能仅由几个高管来执行，所有管理人员都应该参与进来，这将更有利于战略的执行。另一个相关概念是，企业要设计有一个完整的绩效系统，它将帮助企业实现高效运作。其后他又提出"目标管理和自我控制"的主张。

一个全面的目标管理体系，需要解决如下八大问题：

第一，目标是什么？（实现目标的中心问题、项目名称）

第二，达到什么程度？（达到的质、量、状态）

第三，谁来完成目标？（负责人与参与人）

第四，何时完成目标？（期限，预定计划表、日程表）

第五，怎么办？（应采取的措施、手段、方法）

第六，如何保证？（应给予的资源配备和授权）

第七，是否达成了既定目标？（对成果的检查、评价）

第八，如何对待完成情况？（与奖惩安排的挂钩，进入下一轮目标管理循环）

在实行目标管理时，制定目标分为七个步骤：第一步，理解公司的整体目标是什么；第二步，制定符合SMART原则的目标（如图）；第三步，检验目标是否与上司目标一致。前三步，大部分中层管理者都知道，但往往是到这一步就结束了，岂不知，问题才刚刚开始。第四步，确认可能碰到的问题，以及完成目标所需的资源；第五步，列出实现目标所需的技能和授权；第六步，制定目标的时候，一定要和相关部门提前沟通；第七步，防止目标滞留在中层不往下分解。

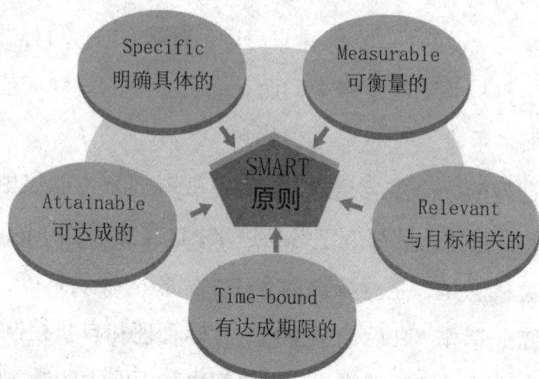

## SMART 原则

德鲁克的目标管理体系提出以后，在美国迅速流行。时值第二次世界大战后西方经济由恢复转向迅速发展的时期，企业急需采用新的方法调动员工积极性以提高竞争能力，目标管理的出现可谓应运而生，遂被美国广泛应用，并很快在世界管理界大行其道。

当美国企业广泛采用目标管理时，戴明的质量管理在日本流行开来（对戴明的质量管理介绍参见下节）。到了 20 世纪 80 年代末，日本经济繁荣，美国渐显颓势，于是对目标管理的批评多了起来。而对目标管理挑战最为激烈的，就是戴明。他慷慨激昂地宣称："绩效考核，不管称它为控制管理或什么其他名字，包括目标管理在内，是唯一对当时美国管理最具破坏性的力量。"

戴明认为，目标管理存在三大问题：首先，强调目标管理会带来压力和恐惧，导致上下级之间的不信任。其次，在恐惧基础上实施的考核和奖惩，不可能给员工提供真正的动力。最后，目标管理离不开定额，目标制定得太低没有意义，会阻碍发展；目标制定得太高，难以完成，还会产生破坏性的后果。

应该说，管理是人类历史上较复杂的活动之一，每个管理学家都只能在某一方面为这一学科做出贡献。戴明和德鲁克都是管理学界的伟人，他们的理论都值得我们借鉴与学习。

## 日本商品的崛起：戴明理论

在日本有一个叫"Usa"的乡下小村庄，一度吸引了很多日本公司纷纷去那里设厂。为什么呢？因为厂家在"Usa"的话，商品产地就可以理直气壮地打上"Made in USA"，不明就里的顾客会误以为是美国产品。

日本的商品为什么要披上美国商品的"马甲"呢？

"二战"结束后，作为战败国的日本可谓满目疮痍。当时，除了京都之外，几个主要城市都在大规模空袭中被摧毁殆尽。日本是一个岛国，资源匮乏，废墟上的重建步履艰难。

在商品短缺的时代，商品的质量"高"和"低"不再重要，重要的是"有"与"无"。为了解决"有"的问题，日本的商品抛弃了质量。国际市场上，"Made in Japan"的标记，一度等同于垃圾产品的代名词。国内消费终归有限，国际市场又打不开，这让很多日本企业焦头烂额。于是，去"Usa"开厂这个不是办法的办法应运而生。

1950年7月10日至18日，50岁的美国人戴明受日本科技联盟邀请，赴日本四大城市授课。戴明在日本的讲座不再突出他擅长的统计学，而是突出品质管理。他立足于一个基本信念，即高质量可以降低成本。过去，几乎所有人在质量管理上都有两个认识误区：

一是认为质量是生产者的责任，二是认为高质量必然造成高成本。而戴明为了澄清这两个误区不遗余力。他在东京对日本非常有实力的 21 位企业家（控制着日本 80% 的资本）传授他的管理思想时，强调道："大多数的质量问题是管理者的责任，不是工人的责任，因为整个愚蠢的生产程序是由管理者制定的，工人被排除在外。"同时，他指出："如果能争取一次把事情做好，不造成浪费，就可以降低成本，而无须加大投入。"

日本人最关心的是战后恢复和崛起的进程，他们问戴明："要改变日本的国际形象，把日本由一个制造劣质低档产品的国家转变为能在国际市场上具有竞争优势、生产高质量产品的国家，需要多长时间？"戴明预言："只要运用统计分析，建立质量管理机制，5 年后日本的产品就可以超过美国。"当时没有人相信这一断言，日本人最大的梦想不过是恢复战前的生产水平。虽然他们私下聊天时觉得这个美国佬过于乐观，但是却乐意按照这个美国佬的提示去放手一搏。原因很简单，当时的日本人已经失去了一切，没什么好损失的了。

果然，日本的产品质量总体水平在 4 年后（约 1955 年）就超过了美国，到 20 世纪七八十年代，不仅在产品质量上，而且在经济总量上，日本工业都对美国工业造成了巨大的威胁。

由此开始，戴明成了日本的质量管理"教主"。在随后的 30 年间，戴明在日本各地举办全面质量管理培训讲座，传授他的管理思想。戴明的理论简明易懂，他说："产品的所有制程都会由于变异而损害产品的品质，因此控制变异就是提高品质。"戴明提出计划（Plan）、执行（Do）、检查（Check）、处理（Act）的管理循环，依照英文单词的首字母，简称为 PDCA 循环（也叫戴明循环）。

PDCA 循环有如下三个特点：一是大环带小环，如果把整个企业的工作作为一个大的 PDCA 循环，那么各个部门、小组还有各自小的 PDCA 循环，就像一个行星轮系一样，大环带动小环，一级带一级，有机地构成一个运转的体系；二是阶梯式上升，循环不是在同一水平上循环，每循环一次，就解决一部分问题，取得一部分成果，工作就前进一步，水平就提高一步，总是在更上一层楼；三是科学管理方法的综合应用，PDCA 循环应用是以质量控制工具为主的统计处理方法以及工业工程中工作研究的方法，作为进行工作和发现、解决问题的工具。

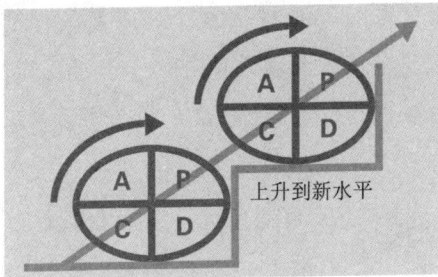

### PDCA 循环的步骤与方法

戴明认为，顾客是生产线最重要的部分,只让顾客满意是不够的，必定要使品质好到让顾客不断地重复购买。戴明说："企业的利润来自重复购买的顾客。这些人不但称赞公司的产品，还会主动推荐亲友来购买。"1980 年戴明回到美国之后，包括福特、通用、宝洁等著名公司，都运用了戴明的管理理论。

# 第二章
## 人本管理艺术

保罗·高尔文是摩托罗拉公司的创始人,被誉为"移动电话之王"。除了在移动电话上做出划时代的贡献之外,高尔文的另一个重大贡献是:在管理学领域创造了人本管理。

高尔文有一句名言:对每一个人都要保持不变的尊重。人本管理全部着眼点是"人",关注人的灵魂、情感、需求、态度、潜能和人与人、人与组织之间的和谐协调。人本管理能够创造出一种尊重人、关心人、培养人的良好氛围,产生一种精神振奋、朝气蓬勃、开拓进取的良好风气,激发组织成员的创造热情,从而形成一种激励环境和激励机制。

## 本田道路：海豚式管理

十多年前，五十多岁的市川永次被派到泰国本田汽车制造公司当社长。针对泰国工人纪律性差、性格散漫、难于管理的问题，本部有同僚建议他到了泰国后，一定要将更多的精力放在制度的建立与遵守上；如果有必要，甚至不惜杀鸡儆猴。市川永次听了，只是微微一笑。

在泰国工厂，每天早上八点准时播放国歌、升国旗。市川永次新官上任，面对的繁杂事情极多，每天要到深夜两三点才睡觉。但早上八点的升旗仪式，他从未缺席。无论睡得多晚，他都会换上工作服，与员工一起向泰国国旗敬礼。这一举动很快就受到了泰国员工的一致好评。

市川永次发现，泰国有重视学历与资历的倾向，这一点显然与工厂的技术至上有抵触。市川永次下决心"通过本田道路改变泰国人的思想方式、工作方式"，把本田公司在任何方面重视技术胜过重视学历和资历的原则灌输给员工。

为此，市川永次制定了技师制度，宣布了"一切由技术来说话"的方针。他以总部的资格制度为范本，设一级、二级、三级三个等级，实施资格考试。第一次参加考试的员工就超过400人，合格的181人，大多数是二级、三级，但其中通过一级考试的也有2人。市川永次专门制作了资格证书，亲手签字后交给员工。这是一件非常费事的事情，但对泰国员工来说，是一个很大的鼓励。

本田的泰国员工虽然逐渐改变了旧的观念，但技术水平一直与国际水平相差不少。市川永次认为，应该让泰国的员工认识到个人、公司、国家、世界相互之间需要建立一种什么样的关系，在什么样的结构和规则下行动，训练他们在国际视野上考虑问题。

于是，市川永次买了几百张世界地图，不厌其烦地亲自贴在车间。他语重心长地告诉员工们：泰国位于什么地方，我们公司制造出来的汽车出口到什么地方，各种配件是从哪里进口的等问题。"这些都是我们在制造汽车时应该知道的。"市川永次说道。

同时，市川永次还先后几次派员工到日本本田总部学习，培训时间长达半年。临行前，他发表了鼓动性的讲话。他说："我想要让你们每个人都肩负使命。你们愿意学质量管理，就去质量管理部门；愿意学规格管理，就到规格管理部门接受训练。半年后，你们从日本归来，肯定会发生质的变化。"

果然，这些从日本回来的泰国员工在专业水平上都获得了很大的提高，而且都充满了干劲。这些技术精湛、热情高涨的员工，又带动了更多员工技术的提升。


从管理学的角度来看，本部同僚的建议是鲨鱼式管理，这种管理者嗜好权力，严厉无情，强调竞争、效率和成绩高于一切。与鲨鱼式管理相反，戛䰻鱼式管理者则表现为所谓的"仁慈权威者"形象，或者说"社会工作者"形象，他们回避竞争、人情至上，只想获得普遍的好评，无个性、不自信、易受影响，工作效率低、业绩差。

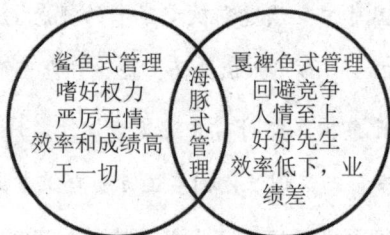

鲨鱼式管理
嗜好权力
严厉无情
效率和成绩高
于一切

海豚式管理

戛裸鱼式管理
回避竞争
人情至上
好好先生
效率低下，业
绩差

## 海豚式管理

而实行海豚式管理的管理者，他们吸收了鲨鱼式管理与戛裸鱼式管理的优点，同时规避了两者的缺点，形成了以下鲜明的人本管理特色。

首先，在对待员工的态度上。海豚式管理者尊重下属，对下属员工宽容、仁慈，慎重对待下属的要求，善于听取下属的意见，努力赢得员工的忠诚，与下属保持密切关系，成果与人情并重。

其次，在领导作风上。他们有明确的工作目标，持之以恒的工作作风和灵活的工作方式，处理问题时沉稳、客观、果断、情理并重，实事求是地面对错误，随时接受批评并予以纠正，及时寻求工作的改进和充实。

最后，在领导品质上。他们有慷慨的气度和宽广的胸怀，与员工"分享信息"，并认为这是提高员工对企业忠诚度的最佳法宝，强调与下属分享权责，分享荣誉，他们自信、果断，努力营造信任型的组织文化，认为信任型的文化是培养成员自信和自尊的最佳方式，也是企业业绩的动力源。

# CEO 不重要：倒金字塔管理

2006 年 5 月，博士伦遭遇了一场灭顶之灾。因为旗下某隐形眼镜护理液被指控存在引发真菌感染的危险，博士伦宣布永久性收回。为此，他们支付了大约 2.5 亿美元，以应对超过 600 项法律诉讼。

在艰难中煎熬了近四年，2010 年 3 月，布伦特·桑德斯临危受命。上任伊始，桑德斯并没有去 158 年来一直伴随公司成长的总部大楼，而是出现在位于一座旧厂房内的公司光学中心。四个星期后，他坐在自己的办公室里，对他的下属们说道："伙计们，现在这么干下去肯定是不行的。在你们意识中的'我们'和'他们'、'白领'和'蓝领'的划分是不能接受的。"他果断地将总部大楼出售，带领 200 多位管理人员、法务员工和行政人员搬到了光学中心。

当博士伦公司在内部发放苹果公司的 iPad 时，最先得到的是公司的推销人员。博士伦公司先后共有 700 位管理人员被淘汰，员工减少到 11000 人，公司的管理层级由 11 个精简到 7 个，直接下属的平均数量由 3 个增加到 5.5 个。苏格兰的工厂关闭了，爱尔兰的工厂与美国本土的工厂进行了整合。桑德斯甚至将研究开发中心（R&D）更名为交付研究中心（D&R），以彰显研究成果转化为可供交付使用的产品的重要性。

一年后，桑德斯已经完全改变了博士伦的商业模式，彻底颠覆了传统的"金字塔管理"。桑德斯认为，公司 CEO 是最不重要的，他表示："一线经理是公司最重要的人物，而我是最不重要的，我的任务是让这些经理工作起来更加容易。"

桑德斯在博士伦实行的管理，是一种"倒金字塔管理"。这种管理方法是由瑞典的北欧航空公司（SAS）总裁杨·卡尔松提出的。20世纪70年代末，世界范围内的航空业不景气，北欧航空公司也不例外，每年亏损2000万美元，公司濒临倒闭。

卡尔松受命于危难之际，担任了北欧航空公司的总裁。他来到北欧航空公司时，公司一片萧条，人心惶惶，员工们不知道公司会走向何处。卡尔松用3个月时间仔细研究了公司的状况，然后向所有员工宣布他要实行一个全新的管理方法。他给它起名叫"Pyramid Upside Down"，我们简称为倒金字塔管理法。一年后，北欧航空公司盈利5400万美元。

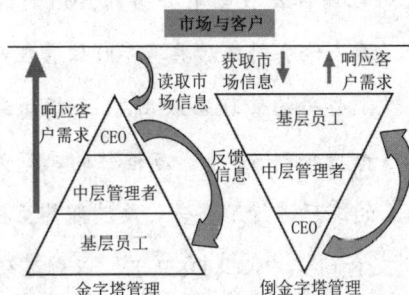

在金字塔管理中，最上层的CEO是决策者，中层管理者（部门经理、车间主任等）负责政策传达与贯彻，最下层的基层员工是政策的执行者。也就是说，老板、总裁、总经理负责决策，下面的人"没

有任何借口"执行到位就行。

直至现在，很多公司的管理方法还是"金字塔管理"。那么当时卡尔松为什么一定要把这个颠倒过来呢？因为他发现，要把公司做好，关键在于基层一线员工。特别是服务行业，一线员工每天与无数客户打交道，如果任何事情都需要汇报等上面决策下来再行动，完全不现实。他认为公司的总目标一旦制定下来，就应该赋予一线员工现场决策权。中层管理人员不变，卡尔松在这个"倒金字塔"管理法的最下面，给自己命名为政策的监督者，负责支持、监督与推进政策的执行

那么这种管理方法出现了什么效果呢？北欧航空公司采用这种方法3个月之后，公司的风气就开始转变。一线员工感觉到自己是现场决策者，需要对分内负责的事情做出决定。就像卡尔松所说的那样："给予一些人以承担责任的自由，可以释放出隐藏在他们体内的能量。"

有个美国商人去阿兰德坐飞机时，发现将机票忘在70公里远的酒店。那时没有电子机票一说，也没有内置芯片的身份证，因此没有机票就无法登机。商人要回去取的话，时间已经来不及了。北欧航空公司的地面服务小姐问了酒店名字与房号后，给商人写了一张纸条，让他拿着先去办登机手续。商人拿了登机卡，过了安检，到了候机厅。当飞机还有十分钟就要起飞的时候，那位小姐把他的机票交给了他。原来，这位小姐拨通了酒店的电话："请问是××酒店吧，请你们到××号房间看看是否有一张写着××先生名字的飞机票？如果有的话，请你们用最快的速度用专车送往阿兰德机场，

一切费用由北欧航空公司支付。"

如果你是那个商人，你今后坐飞机时的首选航空公司会不会是北欧航空呢？你是不是还会经常地向身边的人提及此事，并努力推荐他们也搭乘北欧航空呢？答案不言自明。而这一切，只是花费几十美元而已！

类似的案例，在北欧航空公司比比皆是。一年后，北欧航空就走出亏损的泥潭。当全世界的航空公司都在亏损时，北欧航空盈利竟高达 5400 万美元！

## 锯掉椅子靠背：走动式管理

美国企业家雷·克罗克，生于伊利诺伊州。1955 年，他接管了当时规模很小的麦当劳公司，很快就将其发展成遍布全球的快餐集团。他被《时代》杂志列为全球最有影响力的企业创始人之一。

成功从来就不是偶然的。雷·克罗克的成功，源于其卓越的经营管理水平。在雷·克罗克的著作《苦心经营》中，他承认自己最讨厌整天坐在办公室里。他将大部分时间都用在"走动式管理"上，到各个分公司（部门）走走、看看、听听、问问，随时准备帮助下属解决工作中遇到的问题。

曾有一段时间，麦当劳公司因亏损相当严重而面临生存危机。克罗克运用自己的走动式管理，发现亏损的一个重要原因是公司各职能部门的经理身上存在严重的官僚主义，习惯躺在舒适的椅背上指手画脚，把许多宝贵时间耗费在抽烟和闲聊上。

怎么消除这种不良现象？克罗克想出一个奇招：将所有经理的椅子靠背锯掉。开始很多人不知道克罗克葫芦里卖的是什么药，但不久大家开始悟出了他的用意。管理者们纷纷走出办公室，深入基层，学起了克罗克的"走动式管理"。

这种走动式管理，可以帮助管理者及时了解情况，帮助员工们现场解决问题。终于，麦当劳公司扭亏为盈。

美国行政管理学家切克·威尔逊通过调研后认为，如果部下得知有一位领导在场负责解决困难时，他们会因此信心倍增。这一研究成果，被管理界称为"威尔逊法则"。

很多著名企业都很重视管理者游走一线，对员工进行现场工作指导与帮助。通用电气公司的韦尔奇就是一位"走动式管理"的践行者。2001年4月底，GE旗下的CNBC电视频道的《商务中心》女主持人苏·埃雷拉给韦尔奇打了一个电话。她说，著名节目主持人多布斯又回到CNN电视台，主持《货币之线》节目，但时间与《商务中心》重叠，是一个重大威胁。希望韦尔奇能发来一个电子邮件，以鼓舞她的团队成员的士气。

韦尔奇听了，回答说："苏，不用发邮件了，我亲自到你的工作室中去。"韦尔奇得知苏·埃雷拉已经为此取消了私人休假，于是他决定亲自上阵。在接下来的一个星期里，韦尔奇与苏的15人团队一起吃着饼干，喝着可乐，商讨出几十个应对方案。那个星期的最后一天，CNBC的所有人，从电脑制作到布景设计，都加入讨论中来。这样，韦尔奇客串了CNBC的临时项目经理。他告诉团队成员：多布斯的复出无疑会夺走一部分观众，但我们决不会让他轻易做到这一点；这将是一场持久战，但我们要赢得第一场战斗。

在韦尔奇的参与和干预下，CNBC（而不仅仅是《商务中心》节目组）采取了以下对策：把节目时间延长，并从 6 点开播；在多布斯准备出场 CNN 电视台的当天早晨，CNBC 的另一个节目把苏请到演播室作为嘉宾与观众见面；由 CNBC 体育节目在周末播出 NBA 总决赛时，播出《商务中心》节目预告。

结果，星期一《商务中心》与《货币之线》的首次遭遇战平分秋色，周四再次同时段竞技，《商务中心》的收视率一马当先。无疑，韦尔奇的走动式管理，给 CNBC 团队成员增强了信心，并取得了理想的效果。

管理层下基层现场指导，最忌讳的是不懂装懂瞎指挥。因此，作为管理者，需要积极地倾听、提出问题、交流观点以及讨论切实可行的解决方案；提出自己的意见同时接收员工的反馈意见；指导员工时要关注哪些方面有待提高，以及哪些方面做得比较好。总的目标是帮助大家提高效率。指导一个人帮助他克服个人缺点，使他的个人能力最大化，并发挥出最大的潜力。只有这样，指导才能起到积极的效果。

惠普公司也实行"走动式管理"。他们为了推动部门负责人深入基层，还创造了一种独特的"周游式管理办法"。公司的办公室布局采用敞开式大房间，很多员工都在一间敞厅中办公，各部门之间只有矮屏分隔。除少量会议室、会客室外，无论哪级领导都不设单独的办公室。这样，哪里有问题需要解决，部门负责人就能以最快的速度赶到现场，带领自己的员工以最快的速度解决问题。正是这些措施保证了惠普公司对问题的快速反应能力和解决能力，并成就了它的辉煌。

## 亨氏的短吻鳄：快乐管理

1869 年，一个叫 H.J. 亨氏的美国青年将他的调味酱装进透明玻璃瓶里出售。这个 25 岁青年的创意破土发芽，日后成就了一个超级食品公司。

如今，亨氏集团年销售额近百亿美元，分公司和分支机构遍布全球 110 多个国家和地区，拥有 150 多种全球数一数二的著名品牌。

亨氏公司从诞生那天开始，就专注于食品业务。公司创办不久，创始人亨氏就得到了一个"酱菜大王"的美誉。到 1900 年前后，亨氏公司能够提供的食品种类，已经超过了 200 种，成为美国颇具知名度的食品企业之一。

亨氏创业时，正值泰勒的科学管理盛行。我们前面介绍过，泰勒的科学管理让工人的效率直线上升将近三倍。显然这是一个让老板极为动心的数字。但亨氏并没有受到泰勒的影响，他无法接受这种过分理性、森严的管理方法。在泰勒的科学管理方法中，员工被认为是"经济人"，他们唯一的工作动力就是物质刺激，精神需求与情感满足统统不予考虑的。在这种管理方法中，老板、管理者与员工的关系是森严的，毫无情感可言。在亨氏看来，金钱固然能促进员工努力工作，但快乐的工作环境对员工的工作促进更大。他注重在公司内营造融洽的工作气氛。于是，他从自己做起，率先在公司内部打破了老板与员工的森严关系：他经常下到员工中间去，与他们聊天，了解他们对工作的想法，了解他们的生活困难，并不时地鼓励他们。不仅如此，亨氏还是一个播种快乐的天使。身材矮小的他走到哪里，哪里就谈笑风生、其乐融融。

有一次，亨氏外出旅行，但不久就回来了，这让员工们很纳闷。于是有个员工就走上前去细问情况。亨氏说："你们不在，我感觉玩得没劲。"接着，他派几名员工在工厂中央摆放了一个大玻璃箱——在这只玻璃箱里，有一只巨大的短吻鳄！

亨氏面带微笑，问围观的员工们："怎么样，这家伙看起来很好玩吧？"在当时，那么巨大的短吻鳄并不容易见到。围拢过来的员工们在惊愕之余，都大声说有趣。亨利接着说道："我的这次旅行虽然短暂，但这条短吻鳄让我觉得难忘，于是我把它买回来，希望你们能与我共享快乐！"

正是亨氏这种与员工"共享快乐"的管理方法，使亨氏公司的员工每天都处于一个快乐的工作环境之中。而一个令人愉悦的环境，理所当然会让置身其中的人更有激情与创意。亨氏的这种快乐管理，被他的继任者们所继承。亨氏公司这个"文物"般的公司，也在快乐中走过150多年的沧桑并日益壮大。

快乐与轻松能让工作更加高效，压抑与死板导致工作低效。一个明显的例子是：和好朋友一起做一件事效率高，而和严厉的父亲一起做一件事，效率低而且容易出错。如果在你的管理下，人人都不快乐，别别扭扭，甚至十分苦闷，那么你的管理还谈什么成功？当然，快乐并不等于嘻嘻哈哈的娱乐，它实质是一种自觉自愿、积极向上、实现自我价值的心态。作为管理者，要善于运用快乐管理。快乐管理的本质是让员工从工作中感到幸福，从而改变"权力向上集中，问责向下发放"的传统管理弊端。

快乐管理的核心是"快乐"，围绕这个中心，颠覆了很多传统的管理教条。例如，传统的管理中，提倡的是"敬岗爱业""干一行爱一行"，将员工视为"一块砖"，哪里需要往哪里搬——这种管理方法在现在的很多企业里仍是司空见惯。但快乐管理主张让工作去适应人，而不是让人去适应工作。认为管理者应该根据员工的兴趣爱好，尽最大可能将其放在一个他乐于工作的位置。

快乐管理不仅适用于企业管理，在家庭中同样适用。一个快乐和谐的家庭氛围，能使家庭里的每一个成员都展示出最好、最美的自己。在亲子教育上，作为"管理者"的家长，没有必要让孩子成天面对各种不喜欢的兴趣班。所谓"兴趣班"，没有兴趣何必强制他去学？让孩子快乐地学习，快乐地长大，比什么都重要。

## 顾客并不是总对：以员工为本

一说到"管理"，许多人嘴里都会条件反射般地蹦出"以人为本"。"以人为本"没错，但是不妨追问：股东是人，员工是人，顾客也是人，究竟应该以何种人为本？

站在财务和投资的角度来看，"以人为本"应该"以股东为本"。任何企业存在和发展的目的都是给股东赚钱，这是天经地义的事情。你当然可以把它说得天花乱坠，或者换成各种各样蛊惑人心的说法，但最终还是为了给股东赚钱。

站在人力资源管理的角度来看，"以人为本"说的是"以员工为本"。没有员工的悉心付出，任何优质的产品与服务都无法落地。因此，一批优秀的员工是企业最大的本钱，紧紧抓住这个"本"才不会本末倒置。

站在市场营销的角度来看，"以人为本"说的是"以顾客为本"。顾客是上帝——这几乎是一句真理一样的话。没有顾客，就没有销售，没有利润，没有企业，继而没有员工。在这个"真理"的支撑下，"第一条：顾客永远是对的"这一观点又顺理成章，如果顾客错了，则"请参阅第一条"。

针对以上三个不同的"本"，当今企业大多选择"以顾客为本"，将"顾客永远是对的"的思想由上而下强行灌输。

然而，创建于1971年的美国西南航空公司并不认可"顾客永远是对的"这句话。这家全球财富500强的大企业，对员工的重视更甚于顾客。

西南航空公司创始人兼总裁赫伯·克勒赫说："实际上，顾客也并不总是对的，他们也经常犯错。我们经常遇到毒瘾者、醉汉或可耻的家伙。这时我们不说顾客永远是对的。我们说：'你永远也不要再乘坐西南航空公司的航班了，因为你竟然那样对待我们的员工。'

西南航空宁愿"得罪"无理的顾客，也要保护自己员工的做法，使得西南航空公司的每一个职员都得到了很好的关照、尊重和爱。员工因为感受到了公司的温暖与爱护，则以十倍的热情和服务传递给顾客——以此回报公司。这样，在西南航空的管理层、员工与顾客中形成一种良性循环。

从西南航空的案例中，我们可以看出，这三种"以人为本"尽管看似相互矛盾冲突，但是若找到一个恰当的切入点，股东、员工、顾客这三者之间能实现三赢。这个切入点，就是"以员工为本"。

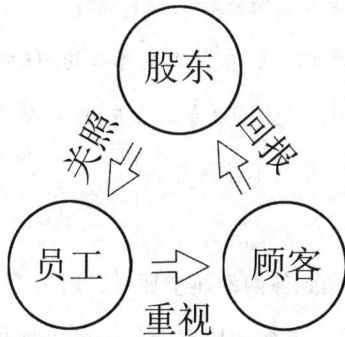

**"以员工为本"良性循环**

"以员工为本"的管理，并不会因此而怠慢顾客——除非极少数蛮不讲理的顾客。赫伯·克勒赫说："也许有其他公司与我们公司的成本相同，也许有其他公司的服务质量与我们公司相同，但有一件事它们是不可能与我们公司一样的，至少不会很容易，那就是我们的员工对待顾客的精神状态和态度。"

即便遇到经营困难，西南航空也坚持不裁员。他们认为，裁员对一个公司的文化伤害最大。西南航空有很多时候确实需要也可以裁员，从而创造更多利润，但公司管理层始终认为那是短视行为。公司要向自己的员工表明非常珍惜他们，不会为了短期利益而伤害他们。

即便在"9·11"事件后，西南航空一度每天亏损三四百万美元，但仍然不裁减员工。这种坚持感动了公司员工，他们更加努力地工作，提出了许多降低成本的建议，与公司荣辱与共。为帮助公司渡过难关，有的员工将自己的红利甚至部分工资捐给公司，还有的员工在联邦退税支票上签字将钱转到公司名下。

投之以桃，报之以李。在员工们齐心协力的努力之下，西南航空安然地度过了 2001 年、2002 年。在 2005 年全球航空业大萧条中，西南航空一枝独秀，盈利不降反升。

综观国内，能做到像西南航空那样"以员工为本"的企业，可谓凤毛麟角。最近几年名动快餐业江湖的海底捞，在这一点上做得相对出色些。海底捞管理层认为，快餐业的顾客需求五花八门，仅仅用流程和制度培训出来的服务员最多只能及格。因此提升服务水准的关键不是培训，而是激发员工内心的服务理念。为此，海底捞把员工当作兄弟姐妹、把员工幸福作为企业大事，不仅用心解决员工的衣食住行等基本问题，给予员工家的感觉，给员工创造公平公正的晋升渠道，而且真正把员工当作管理者，充分信任员工，给予员工很大的权力，给员工提供改变命运的平台，把员工工作的积极性从内心深处调动起来。这些付出也为海底捞带来丰厚的回报，旗下数十家连锁店，一直稳稳占据着所在城市"服务最佳"的榜首位置。

## 紧张的新兵：幽默管理

第二次世界大战胜利前夕的一次主攻战役期间，美国将领艾森豪威尔在莱茵河畔散步，这时有一个神情沮丧的士兵迎面走来。士兵见到将军，一时紧张得不知所措。艾森豪威尔笑容可掬地问他：

"你的感觉怎样，孩子？"

士兵直言相告："将军，我特别紧张。"

"哦，"艾森豪威尔说，"那我们可是一对了，我也同样如此。"

几句话便使那个士兵放松了下来，很自然地同将军聊起天来。

将军的幽默营造了将与士之间亲密、融洽和轻松的气氛。有这样的领导在前，属下的将士谁不愿赴汤蹈火，拼死疆场呢！

抗日战争初期，入侵中国的日军大多训练有素，枪法很准，让不少国军新兵不敢与其对射。一次，陈诚视察阵地时，有个正在修筑工事的新兵问他："长官，鬼子打枪为什么总'啪啪啪'三发？"陈诚回答："'啪啪啪'意思就是在问你'怕不怕？'你呢，应该两发连打还击他两发'啪啪'，意思是'不怕'。"这种幽默风趣的语言，不仅树立起新战士敢于应战的信心，还化解了大战来临前的紧张气氛。

传统的管理者，总是给我们一种监狱长或学校教导主任的印象：一脸古板，不苟言笑。似乎只有这样才"像"一个管理人员。其实不然，管理人员并没有一个统一的画像。即使有统一的画像，画得幽默风趣点也会更加耐看。

一天，某个大公司在招聘，一位高才生跑去应聘。老板问他："你想要什么样的待遇？"那人说："我想一个月薪水 10 万元，一年有一个月公司用公费让我出国，公司还要用公费让我租房子。"

老板说："我一个月薪水给你 20 万，一年有两个月公费让你出国，公司还送你一栋房子。"那个人惊讶地说："不会吧，这么好，该不会是跟我开玩笑吧？"

老板说："是你先跟我开玩笑的。"

克雷夫特公司总裁毕尔斯认为："幽默感是衡量一个管理者是否具有活泼、弹性心智的重要标志。有幽默感的人通常不会把自己看得太重要，而且比较能做出好的决策。"

有一次，美国 329 家大公司的行政主管参加了一项幽默意见的调查。由一家业务咨询公司的总裁霍奇先生主持此项调查，结果发现：97%的主管人员相信幽默在商业界具有相当的价值；60%的人相信幽默感能决定一个人事业成功的程度。各行业人士都对幽默的力量给予很高的评价，特别是企业高管更善于借助幽默来改变他们在职员心目中的形象，改善大家对整个公司的看法。每一阶层的管理者和经理人在建立与下级的良好关系上，也都转向幽默力量求助。他们都希望下属把他们看成有亲和力的上级。下面是一个下属对他的老板的看法：

"我的老板，也就是报纸发行人，是世界上伟大的幽默家之一。"杰米说，"至少以经常说笑话而言，他是当之无愧的。例如，他在办公室里设了一个建议箱，多半从里面得到些笑话来讲。但是他太喜欢自己的笑话了，常常花很多时间去编撰。

"他常常去开这个箱子，然后滔滔不绝地说了起来。'这个建议箱真不错，是用上好的松木做的。你可以从洞里看出是多节的松木，你可以看到洞里风光。但是底部没有洞，你看不到地板风光。'"

从中我们可以看出杰米的老板是多么渴望在下属心中树立起他幽默、容易亲近的形象。其实，不管那位老板的做法能不能取得比较好的成效，只要他心中有一种和员工亲近、交流的想法，相信他一定能与员工有一个良好的沟通方式，并且建立一种和谐的上下级关系。

作为管理者，当你运用幽默力量去管理下属时，你会发现，不仅更容易将责任托付给下属，而且能更自由地发挥员工的创意。幽默力量能改善你的将来——因为你的下属或同事会认同你，感谢你与他们坦诚相待，并且乐意和他们分享笑声，轻松面对接下来的工作。

# 第三章
## 制度永不败

同样一件事，由不同的人去做，所做的过程及结果肯定不一样。但如果定一个标准，让所有的人围绕着一个标准去做，所做的过程及结果就会一样，这才是有效管理。

这个标准，就是规章制度。制度管理有三大好处：把智慧凝结下来；解放了管理者；实现规范化运作，抑制了人为因素。

## 莫让管理流于人治

有资料指出，世界 500 强企业的平均寿命约为 40 年，一般跨国公司的平均寿命为 11 年，美国的大型企业的平均寿命将近 40 年、中小型企业的平均寿命不到 7 年，日本企业的平均寿命为 30 年、中小型企业的平均寿命不到 6 年，而中国大型企业（集团公司）的平均寿命约为 8 年、中小企业的平均寿命则不到 5 年。这些数据说明，多数中国企业家打造"百年老店"的梦想仍需要几代人的努力才有可能实现。

中国是一个人治传统悠久的国家，这一点也体现在企业管理中。那些对企业做出重大贡献的企业家，或者是民营企业的创始人，或者是使国有企业由小变大的强人，他们受到员工的真心尊敬甚至崇拜。这时他们往往会神化自己，或被别人神化，成为至高无上的独裁者。也许喜欢独裁是人的天性，这种天性在群众崇拜的环境中就变为现实。许多企业也正是在这时开始走下坡路的，而企业家往往还陶醉在过去的辉煌中。这正是许多企业短命的原因。

读中外企业家传记时总觉得，一些企业家太重要也太辛劳了，事无巨细都要亲自处理，一人成败决定企业存亡，繁重的工作压得他们喘不过气，甚至累死在工作岗位上。

人治企业的兴旺和成败都取决于金字塔顶的那个人。在这种情况下，个人的能力就是企业发展的界限。企业的兴亡系于一人之身。

法治企业依靠的不是一个人，而是一套制度。制度可以保证个人更好地发挥作用，同时可以纠正个人的错误。这种企业也会有曲折，但具有自我纠错的机制，不会一条路走到头。总之，依靠个人企业会有一时的辉煌，依靠制度企业才能基业长青。

需要注意的是，一个人说了算的企业，也会有制度，但制度体现了掌权者的意志，是制约别人而不制约他的。这种企业也许有董事会之类的机构，但形同虚设，决策由一个人做出，几乎大小事都由一个人说了算，这个人甚至会成为企业的"神"，他的"语录"作为最高指示，他的思想观念体现在企业的各个方面，企业成了人的化身。

法治企业是按一套规定的制度运行的企业。这种企业也需要一个精明强干的企业家，而且他起着至关重要的作用，但他的作用与权力是制度赋予的，而且要受制度的制约。在制度面前，他和其他人是一律平等的。在这种企业中，包括最高管理者在内的所有人的职责都由制度安排所决定。重大决策的出台和发挥作用有制度所规定的程序，日常工作与协调按制度运行。在企业实行法治时，每个人都明确自己的权责利，企业家不用事事亲为。

这两种企业发展的结果是不同的，人治企业的成败完全取决于个人。一个能人会使这种企业兴旺，甚至可以说，没有这个人就没有企业的成功。但由于没有人能制约这个人，所以，他的失误也会致使这个企业失败。在人治企业中，人在企业在，人亡企业亡，几乎成为一个规律。历史上典型的人治企业的例子莫过于福特汽车公司了。

福特公司由亨利·福特一手创建，应该承认，福特的确是一个汽车天才，懂技术、懂经营、有思想、有胆识。他提出汽车进入家庭的观念，发明了高效实用的T型汽车，并发明自动生产线，实行效率工资，使汽车价格由最初的4700美元下降到1914年的360美元。汽车成为普通交通工具。他不仅造就了一个福特公司，而且造就了一个至今仍然兴旺的汽车行业。在福特公司，福特绝对是独裁者，一切由他说了算。当通用公司等企业致力于汽车的舒适化、多样化、个性化时，福特坚持生产单一的T型汽车，拒绝任何人的意见，甚至在别人研制出新型车时，他亲手毁掉了这辆样车。由于福特的顽固，致使福特走了下坡路。

康柏公司正是靠制度获得了新生。20世纪80年代起步的康柏公司在CEO罗德·凯宁的领导下取得了不凡的业绩。他们高质量的手提电脑与高速、大容量的微电脑曾风靡一时。公司成立5年后，销售额突破10亿美元。但当20世纪80年代末，电脑开始普及之后，凯宁顽固地坚持高质量、高价格，反对低价、大批量普及的潮流。这时，董事会决策制度发挥作用，撤掉了顽固不化的凯宁，康柏又走向新生。

人治的企业是一个人说了算的企业。这种企业也会有制度，但制度体现的是此人的意志，是制约别人而非自己。法制企业是按一套制度来决策和运行的企业。这种企业也需要强的人，只是这个人的权力是制度赋予的，而且也要受制度的制约，他也是企业这部机器中的一个零件。

对比这两种企业可以看出法治对企业的重要性。一个人无论多伟大也不能不犯错误，人治企业无法消除个人错误引起的恶果，而法治企业有消除这种错误的机制。

值得指出的是，强调法治并不是否认天才企业家的作用，而是强调个人要依靠制度起作用，并受制度制约。企业由人治走向法治是一个过程。在企业的起步阶段，人的作用更重要，一个成功的企业开始时更多靠的是能人，但在企业发展的过程中一定要从人治走向法治。从人治向法治的转变是企业关键的转变。如果不能完成这种转变，企业最终逃脱不了死亡的命运。只有在完成这种转变之后，企业才能走上发展的正道。

## 制度是管理的保障

在社会生活中，没有规矩，不成方圆；在企业中，没有制度，则整个管理系统便形同虚设。因此，制度建设和管理势在必行。唯有如此，才能让整个管理流程有章可依，才能规范员工行为，保证计划、战略的完美执行。

管理的基础是制度，制度是规范员工行为的准则，也是企业的管理者实施管理的重要工具和手段。企业只有建立一个规范的制度，才能保障执行的顺利进行，让员工有正确的流程可循。没有制度作为规范，企业的管理就会形同虚设，起不到一点作用。

孟子说："不以规矩，不能成方圆。"意思是说，如果只有一颗良善的心，那么很难做好对他人的管理；如果你有一个好办法，却没有规章制度作保证,那么好的办法也难以实行起来。孟子的这句话,如果放在现今的企业管理中,就很好地说明了制度的重要性。

在很多企业中,经常会发生管理混乱、工作无序的状况,以至于企业的效益无法得到保证,导致企业的发展总是停滞不前。作为一个管理者,你的想法和对工作的热情无法真正解决问题,无法帮助企业进行更好的管理,要想真正解决问题就必须要有制度做保障,只有制度才能促进工作的落实。

刘杰从小在国外长大,大学毕业后想回国发展,于是在北京自己开了一家公司。因为从小受外国文化的熏陶,刘杰为人开朗热情,对待员工也很随和。他认为工作一定要有个轻松的氛围,才会让员工更自由地发挥出自身的潜力,因此他的公司几乎没有任何规章制度,什么事情都靠自觉遵守。

开始时,刘杰公司的员工因为不熟悉公司的管理模式,也不了解刘杰的为人,所以做起事来还是按照以前公司培养的习惯能够做到认真工作,但是时间久了,当员工们知道老板的性格和想法后,大家便纷纷做起了小动作。比如,有的员工上班经常迟到,便让同事帮着签到;有的员工常常趁着老板不在的时候上网看小说、聊天,或者早退;大家都是在刘杰在的时候表现出一副认真工作的样子,这给刘杰造成了一种假象,觉得公司的员工都很努力认真,所以常常对他们进行表扬鼓励。

可是,渐渐地,刘杰发现,公司的业绩不但没有上升还一直都在下滑,刘杰一度怀疑是自己这个老板的问题,因为在他看来,公司的员工们是那么爱岗敬业。直到有一次，刘杰才发现业绩下滑的真相。

一天，刘杰约了客户谈事，离开公司之前他交代秘书：下午他不回公司了，如果有什么重要事情就打他的电话。结果客户临时有事取消了约会，刘杰就提前回了公司，刚走到公司门口，刘杰就听到了一阵欢声笑语，他很奇怪上班的时间怎么会有这种声音，就走到公司门口看了看，只见在他印象里一直很勤奋努力的员工们正聚在一起聊天，有的人手里还拿着零食在吃。刚开始刘杰以为是员工们遇到了什么喜事在一起分享，这对于思想很洋化的他来说很正常，可是十分钟过去了，刘杰发现他的员工一直在聊天，完全没有工作的打算，刘杰这才明白公司业绩下滑的原因。

因为没有建立一个合理的规章制度来约束员工的行为，刘杰公司的员工才会在老板面前做出认真工作的假象，而一旦老板刘杰不在，员工们就露出了诸如在上班时间聚众聊天这样的真实面目，正是这种散漫的工作态度导致了刘杰公司的业绩不断下滑，可见一个规范的规章制度对于企业来说多么重要。

一个国家不能没有法制，一个家庭不能没有规矩，如果没有法制的约束，国家就会暴虐横行、狼烟四起，面临解体的危险；如果一个家庭没有规矩，老人不爱护小孩，小孩不尊敬老人，那么家庭就不会有任何温情可言。而一个企业如果没有制度做规范，企业的管理就会因为无序而变得混乱不堪，企业的生存和发展也将变得特别艰难。

对于企业来说，规章制度就等于企业的法律法规，它可以对员工的行为起到规范和约束的作用，是企业生存和发展的基础。企业只有建立了完善的规章制度，才能让员工有遵循的标准，不至于让企业的管理变得混乱无序。

其实，完善的规章制度对于员工来说虽有约束的作用，但同时也是一种保障，它可以为员工打造一个更广阔的发展平台，激励员工取得更好的业绩。经济学中有一条很重要的原理："人们会对激励做出反应。而不同的制度安排会对一个人产生不同的激励，从而导致他产生不同的行为反应。"也就是说，制度会规范人们的行为，让人的行为向更好的方面改变。

为了做好企业管理的工作，为企业创造更高的效益，管理者就需要为企业建立严格的规章制度，用制度管理来保证员工的工作执行到位，以保障企业的各项战略目标能够顺利实现。

远大科技集团成立于 1988 年，是一家具有独创技术的企业，主营远大中央空调及其配套产品，是一家以保护生命和环境为信条的企业。

远大在成立之初，为了能够快速发展，当时的董事长张剑对企业实行人治为主的管理方式，这对于正处于发展时期的远大集团来说利大于弊，帮助企业迅速扩大了经营规模。

2001 年，经过十几年时间的发展，远大集团已经具备了一定的规模，此时人治为主的管理方式已经不适合远大的发展了，于是，当时的远大总裁张跃决定转变企业管理方式，在远大集团内部实行制度管理。

因为一直没有完善的规范制度，远大集团的管理上存在许多漏洞，上下级信息传递经常出错，这无形中为企业增加了许多风险和内耗。为了改变这种情况，张跃提出在企业内部建立完善的制度，让制度管理来推动企业未来的发展，帮助企业扩大产品市场占有率和提升销售业绩。

远大集团的产品种类不多，主要以生产和销售中央空调为主，所以远大的发展策略一直是做最强的中央空调生产企业，而不是做最大的企业，这个策略非常适合以技术创新和质量过硬为特点的远大集团。于是，在这种情况下诞生的制度管理不仅消除了产品的不确定性，还保证了产品的质量和员工的工作效率。

张跃始终认为，远大只有建立起合理的制度才能让管理更完善，才能保证企业在市场竞争中越走越远。而事实也证明了张跃的确具有远见，在远大实行制度管理后，企业的产品在质量和销量上都得到很大提升，远大中央空调也成为消费者心中的名牌产品。2013年，远大的产品已经覆盖了世界上70多个国家和地区。

制度是员工执行力的重要保障，远大科技集团正是因为有高标准的制度做基础，在制度管理的推动下，才得以不断发展壮大。所以，一个企业要想平稳地发展，就要有一个完善的规章制度作为员工的行为和流程规范，来确保员工在工作中能执行到位，不断提升工作效率，从而为企业创造更高的业绩，推动企业的生存和发展。

一个企业若是没有规章制度，就等于将企业推入风暴的旋涡，让企业的生存变得艰难而危险。因此，为了企业更好地生存，企业必须建立完善的规章制度，让制度来保障企业的有序运营，保障管理有的放矢，保障员工的合法权益，这样才能让管理更有效，让员工的执行力更有保障，从而为企业创造更好的业绩。

没有制度作为规范，企业的管理就会变得一团混乱，不仅生产无法顺利进行，员工的工作也会因缺乏制度规范而造成混乱无序的状况。所以，只有从制度上下手，才能真正解决问题，才能让管理起到作用。可以说，合理的制度是一个企业赖以生存的基本条件，是对每一个员工工作的引导与规范，只有有了制度的规范，员工做起事来才会有据可循，工作的效率才会更高。

## 要兼顾公平与效率

有一个七人组成的伐木队，每天分食一大桶粥。这桶粥该如何分呢？

他们首先想到的是找其中一个人负责分粥。这种方法简单易行。很快，大家就发现这个分粥的人碗里的粥总是最多最稠的。于是，他们换了一个人，可新接任的分粥人碗里的粥又是最多最稠的。如此换了几次，每次都是主持分粥的人格外照顾自己。显然这个方法不行。

他们于是想到了大家轮流主持分粥。虽然主持分粥的人总是将自己的碗装得满满的，但毕竟是轮流坐庄，每个人一周都有一次机会"腐败"。虽然看起来平等了,但是每个人在一周中只有一天吃得饱饱的——有时甚至有剩余,其余六天都饥饿难挨。一曝十寒,大家都受不了。饿着或撑着肚子的人,干起活来效率极低。

于是再改革:大家推举了一个信得过的人主持分粥。这个人的德行在七人中相对最好。一开始,有德行的那人主持还能基本公平,但不久他就开始在分量上照顾那些溜须拍马的人。

看来,不能放任其堕落和风气败坏,还得寻找新思路。第四个方法出来了:他们成立了一个分粥委员会和一个监督委员会,形成监督和制约。分粥的公平基本上做到了,可是由于监督委员会常提出多种议案,分粥委员会又据理力争。等分粥完毕时,时间消耗了不少,粥凉了,干活的时间也不够。

最后,第五个分粥方法出炉:每个人轮流值日分粥,但是分粥的那个人要等其他六人先端。也就是说:分粥人只能吃六个人选剩的最后一碗粥。最后,这七个人惊奇地发现:每一次的粥都分得非常均匀。因为,如果七碗粥有一碗或几碗少了,那么,分粥人无疑得吃最少的那一份。为了避免自己的利益受损,"大权"在握的分粥人,只好一碗水端平。

一旦粥分匀了,肚子也都饱了,七个人的关系就和谐了。大家的工作效率也随之上升。

通过这则经典的小故事,我们可以得出一个结论:兼顾公平与效率的制度,才是好制度。用经济学语言来说,就是:"公平与效率"是人类经济生活中的一对基本矛盾。经济学家普遍认为,公平与效率是一对难以调和的"冤家"：讲究效率，必然得牺牲一些公平；而取得公平的代价，则是支付部分效率的损失。因此，希望同时实现效率和公平是一种两难。比如故事中的第一个、第三个方法，效率很高，公平全无。第二个方法，以一周来看貌似公平，但实则每天都在上演不公平。第四个方法，公平有了，但机构臃肿、程序烦琐，以至于效率太低。唯有第五个"轮流分粥，主持后取"的方法，在保证公平的基础上，对效率的损伤度很低。因此，这个方法最为可取。

公平与效率存在矛盾的例子，在我们身边有很多。比如城市里的公交车，有人坐一站，有人坐十几甚至几十站，不少线路都是一个价钱。公平吗？肯定不公平，但从效率的角度来考量，与其花费时间与精力来根据线路远近收费，不如取一个平均值省事。在公交车这个问题上，效率大于一元或几毛钱的"不公"。

以上均是为了效率损伤公平的例子，为了公平损伤效率的例子也有很多。例如，一个犯罪嫌疑人，从抓捕到服刑——甚至服刑期间，会有很多复杂程序。一审二审三审，法院检察院律师介入，哪怕是对于一个抓了现行的杀人犯，也需要走漫长复杂的法律程序。也许，对于有些一目了然的大案要案，可以直接判决，但为了保证公平，不得不设置很多程序。显然，在法律面前，公平要大于效率。

在制定制度之前，管理者需要准确测算出公平与效率的权重。如果公平权重大，则适度损伤效率；反之，则可能适度损伤公平。在具体管理实践中，理想的制度也并非管理者一次就设计到位的。兼顾公平与效率的制度，本身就是一门实践性很强的科学，需要在实践中不停摸索、总结与修正，直至完善。

## 制度面前人人平等

完善而合理的规章制度，是每一个企业赖以生存的基础。但是制度的建立并不意味着企业就有了保障，最重要的是要靠管理者去严格而坚定地执行，只有严格执行才能维护制度的纯洁和权威，让制度更好地发挥作用。

管理者对于制度的执行一定要坚持公平、公正的原则，做到制度面前人人平等，不给任何人行使特权的权利。作为一个企业管理者，你既是企业制度的建立者又肩负着维护企业制度公平、公正的责任，所以，为了让制度更有权威，你必须做到公正无私，当有人想逃避制度或无视制度时，要勇敢地站出来维护制度的公正和威严，成为最公正、最严格的制度维护者。只有这样，制度才会更有公信力，让员工对其更加信服和遵守，从而保证工作的顺利进行。

要做到制度面前人人平等，必须从管理层做起。企业的管理层是制度的建立者和维护者，必须起到带头作用，只有管理层严格执行和遵守制度，基层的员工才会自觉执行，最终形成以制度治事、治人的公平氛围。

然而，有很多管理者在执行制度的过程中往往成了特权阶层，他们利用自己的权威为自己开绿色通道，或对自己的亲朋好友们徇私舞弊，却对其他员工百分百的严格，这种"只许州官放火不许百姓点灯"的做法必然会破坏制度的公信力，引起员工的反感，让制度不再有威信。

陈强是软件开发技术部的研发人员，因为他是名牌大学毕业又去国外镀了两年金，能力比别的员工高出许多，因而成为技术部的顶梁柱。公司里只要有解决不了的问题都会去找陈强，而陈强只要随便摆弄几下就将问题解决了。为此，公司的同事都称他为"研发王子"，研发部的经理对他也是赞赏有加。

做软件开发工作需要经常加班，因为有时客户会有紧急要求，或者公司的软件产品出了故障，都需要软件部一起留在公司加班解决问题。陈强对经常加班深感厌烦，刚开始他还能坚持和大家一起加班，可日子一长，加班的阵营里有时就会缺少陈强的影子，对此，研发部的经理也是睁一只眼闭一只眼，他认为陈强劳苦功高，偶尔不加班也没什么，只要没有人来计较，他是不会拿这个说事的。

一次，在研发部一起加班时，有一个技术问题大家试了几次都无法攻克，大家自然想到了陈强，这才发现陈强并没有来加班。这让大家的话题立刻从如何解决技术难题转到了"凭什么陈强可以不加班"。见群情激奋，研发经理赶紧出来安抚大家，他说陈强今天不太舒服，跟自己请了假就没加班。说完还自己亲自给陈强打了电话，让他来公司解决问题。虽然最后问题被陈强完美解决了，但是有些同事却对他暗暗生出不满。

在以后的加班中，陈强还是经常缺席，这被一些有心的同事看在眼里，大家都对陈强的行为感到很不满。于是，再有加班时，研发经理总会收到几个员工的请假条，不是说身体不舒服就是说家里有急事，如果不被批准就拿陈强说事，这令研发经理苦不堪言。甚至有几次，因为留下加班的人太少，没法及时完成客户临时加的一些急活，给公司造成了不小的损失。而这一切都是因为研发经理放任陈强造成的。

通过上述例子你会发现，在我们的企业中，一个制度之所以被破坏，问题往往出在管理者的身上。因为研发经理对陈强的纵容，引起了员工的不满，所以大家纷纷效仿，最终给企业造成了损失。由此可见，当我们的管理者不能起到带头作用的时候，我们对制度所带来的伤害和破坏一定是巨大的。所以，每一个管理者不仅要成为制度的制定者，更要以身作则成为制度的遵守者和维护者，决不能给任何人行使特权的权力。

我们经常说制度面前人人平等，但是事实却是：总有些人无视制度的约束，只按照自己的想法行事，利用自己的职权或人脉关系挑战制度的权威，在制度面前行使特权。这种不能以身作则的管理者，会在某种程度上打击员工的积极性和创造性，影响员工的工作效率和业绩，从而为企业带来损失。

不可否认，在很多企业都会发生管理者无视制度，为自己的亲朋好友行使特权的现象，这都是因为管理者没有认真看待公司的制度，只片面地认为制度就是用来约束员工的，却忽视了制度对员工的保护性。其实，在制度面前人人平等，根本不存在上下级的关系，所以没有人有行使特权的权利，一旦违反制度的规定，不管是管理者还是员工都要接受应有的惩罚。

企业建立制度的目的是让企业的管理变得更加有序，促进员工的执行效率，从而提升员工的业绩，为企业创造更大的效益。所以，这就要求我们的管理者能够以身作则，在制度面前不给任何人行使特权的机会，在企业内部做到令行禁止，要坚决地去执行和落实企业的制度，绝不能打任何折扣，这样才能做好自己的管理工作，确保员工能够将工作执行到位，为企业创造业绩，推动企业的生存和发展。

姜楠是一家纺织厂的厂长，因为纺织品易燃，所以厂里明确规定不许在任何生产车间或仓库吸烟，一旦发现就地辞退。

姜楠有个亲戚在他的安排下做了库房主管，此工作清闲且收入颇丰。一次，姜楠在巡视中发现亲戚蹲在仓库的角落里抽烟。姜楠很气愤，厂里明明规定不许在仓库吸烟，他作为一个主管居然无视厂里的规定，于是他决定立刻辞退这名亲戚。

姜楠的亲戚好不容易得到这份工作，不想因为吸烟这件小事就失去这份工作，再说也没有别人看到他吸烟，姜楠是厂长还是自己的亲戚，只要姜楠不追究就没事。于是他苦苦哀求，让姜楠网开一面，但是被姜楠严厉地拒绝了。

第二天，姜楠就在厂里的电视会议上公布了此事，并再次重申厂里决不允许有人在生产车间和仓库附近吸烟，违者就会像他的亲戚一样，遭到辞退。有了姜楠亲戚的前车之鉴，厂里关于不在生产车间和仓库附近吸烟的制度执行得很彻底，再也没有发生过违反制度的事。

姜楠身为厂长能够以身作则，不因自己的亲戚违反制度就网开一面，很好地维护了制度的公正和严谨，在员工面前起到了威慑作用。作为企业的管理者，我们每个人都要向姜楠学习，用自己的公正无私去维护制度的威信，不能为任何人开绿灯、使用特权，否则在员工心里就会失去对制度的敬畏，那样，企业的制度就会形同虚设，没有人会去遵从，致使企业的秩序变得混乱，而员工也会如一盘散沙，毫无竞争力可言。

如果企业建立了制度，却不能去严格执行和落实，那制度就起不到任何作用。因此，对任何企业来说，企业所有的管理制度都要靠严格的执行来保证，只有标准高、要求严，不给任何人行使特权，才能真正起到规范员工行为的作用，才能真正让制度在员工心里扎根，不敢贸然触犯。

企业的管理需要依靠制度来保障，企业只有建立完善的规章制度，才能让员工做起事来有据可循，员工的执行力才会得到保障，工作的效率才会更高。但是，有了完善而合理的制度还需要管理者更努力严格地去执行，以维护制度的严谨与权威，真正做到"制度面前人人平等"，这样，制度才会发挥更大的作用，成为企业管理的最佳助手，帮助和促进员工为企业创造更好的业绩。

## 制度让责权更明确

美国著名管理大师彼得·德鲁克曾经提出六条做成功总统的守则。其中守则四是："一个有效率的总统从不进行微观管理。"

彼得·德鲁克认为，日理万机的总统根本不可能事必躬亲，因为他每天所面对的事情多如牛毛、细如毫发。所以，"总统不必做的事，一定就不要去做"。

但是，身为一个政府的最高管理者，成败都必须由他一个人来扛。在这样的情况下，总统又如何确保所有的政务，都已经妥善地处理好呢？这个问题杜拉克给出了答案："总统需要一支训练有素的队伍，而其中的每个人必须承担一个领域的责任。"

在美国历届总统中，罗斯福是除了首任总统华盛顿外，最受国人欢迎与爱戴的一位。他在第二次连任时，获得美国选举历史上的最高得票率，同时也取得了国会的鼎力支持。

那么，罗斯福如此成功的秘诀是什么呢？

在罗斯福所选任的 10 个内阁成员中，除国务卿之外，其他 9 个都是各个领域的技术专家。在政务上，罗斯福从不进行微观管理，而是"我做出决定，然后把工作交给一名专门的阁员来办理"。于是，在权责相辅、事有专攻的情形下，罗斯福总统成功地推行新政，取得非常可喜的政绩。

同时，即便他在任内掌握了前所未有的政府财政支出，也从来没有发生过一起金融丑闻。这一切充分证明了罗斯福对"权力"与"责任"的掌握能力。他拥有一支训练有素的队伍，而队伍中的每个人都可以恰如其分地扮演好自己的角色——知道自己被授予的权力、应该执行的行动、组织对自己的期望、自己应该负起的责任。

从这个故事可以看出，在任何一个团队或组织中建立起权责制，是相当重要的一种宏观管理方法。

所谓权责制，是企业中某人针对特定的、事先界定的成果，对他自己和周围的人所做出的承诺与应尽的义务。

大凡勇于负责的人，都知道自己行为所得出的正反两方面的后果，并且愿意承担一切责任。如果他希望产生不同的结果，便会采取不同的行动。

在中小企业的创业与发展阶段，权责制管理更是一剂灵丹妙药，它能鼓舞与激励企业成员勇于创新，不断进取。

### 1. 企业实行权责制有什么好处

当一群人为了达到某个共同的目标而组织在一起时，这个团体中的成员立即产生唇齿互依的关系。这种关系需要某种架构：角色、目标、协定、工作日程等。架构也许是一种默契，也可能诉诸详尽的文字。组织不分大小或宗旨．不管是白手起家的服务公司，抑或是富可敌国的跨国集团，成功永远取决于组织中的人是否对自己负责，是否对彼此负责。作为组织里的一员，我们责无旁贷，必须遵守对彼此的承诺，必须达成事先约定的目标。

有些组织用松散、非正式和没有多少架构可言的方式来管理。同事天天见面，随时交谈，因此能不断确定彼此的目标，持续加强相互的关系。误会很容易被发现，并很快就能得到解决，因此时间和资源不至于浪费在处理相互的误解和冲突上，人们也不会因为彼此的行动或缺乏行动而感到焦虑或挫败。如果需要调整方向，可马上行动。

但是大部分的组织都必须存在某种架构，才能有效地管理。也许组织太大，关系太复杂；也许组织很小，但关系很紧张。无论哪一种情形，人们通常缺乏时间、工具、技巧和意愿，去不断确定目标和排除误会。应用"权责协定"而实践的权责制原则，能够在组织中建立个人工作架构、焦点和清晰度。

**2. 权责制不明确将出现哪些问题**

一些企业管理者不懂或不善于运用权责制这一个工具，因此常常出现以下问题：

第一，组织沉溺于不求表现的文化。设定目标的行为，不过是虚应故事或纸上谈兵而已，这已是"公开的秘密"。员工知道用什么借口来解释自己为什么达不到目标。

第二，有过必罚，惩戒公开，被人牢牢记住，久久不获原谅。这样的冒险被视为是自杀的行为，傻瓜才干的事。员工会不惜一切代价避免犯错，万一不小心出错，则迅速掩盖。因此失去了创新的精神，谨言慎行取代了工作成果。

第三，有卓越表现的人和表现平庸者的绩效奖金差不了多少。为了不让泛泛之辈感觉吃亏，为了节省考核时间，为了节约成本，报酬与工作成果不成比例。

第四，员工暨经理联合专案小组呕心沥血完成一项建议，但建议案提交后却石沉大海，毫无下文。办公室里谣言满天飞，但资深管理阶层却三缄其口，不做任何沟通或解释。过度控制葬送了工作成果。

第五，经理人明知真相，可是却明哲保身，充当老好人。为了维持表面和谐，而对不良现象视若无睹，这无形中助长了不正之风的蔓延。这种避免批评力求"一团和气"的作用，取代了工作成果。

第六，资深经理人被检举行为粗暴，公司却只是把他调到其他部门，以此来息事宁人。这种不了了之的结果，令员工怀疑管理阶层对尊重员工与公平待遇的承诺到底有多少诚意。否认事实，就等于葬送了员工的工作成果。

权责制管理亟待重建。人们成天讲，公司需要承担更多的责任，管理者需要承担更多的责任，员工需要承担更多的责任。但是，除非我们明确界定该对谁负责，对什么结果负责，事后又必须承担什么后果，否则权责制只不过是一种幻觉、一句口号或一纸空文而已。

## 遵守制度，树立权威

我们知道，企业的发展需要依靠制度，然而制度是否真的能赢得员工的认同呢？可能许多管理者认为，制度本身就具有强制作用，就算员工不认同也得遵守，这话不假。但是员工被迫遵守和自觉遵守的效果却有着明显的差异，要想让员工能够自觉遵守企业的制度，就需要管理者帮助员工了解公司的制度，这种了解可以通过让员工亲身体验公司制度的应用过程来达到强化心智的作用。让员工对公司的制度更加了解，同时对公司的企业文化更加认同，这样才能让员工自觉地去遵守制度。

其实，任何制度都要做到以人为本，毕竟制度的设立是为了员工能更好地为企业贡献业绩，所以如果企业的制度不能以人为本就会引起员工的逆反心理，那样即使制度定得再好、再科学，也会让员工的心与企业渐行渐远。所以，管理者在执行制度时既要赏罚分明又要体现公司的文化，不要让员工对制度产生不够人性的抗拒心理。

李悦是公司设计部非常有才华的设计师，每次设计的方案基本都会被采纳。然而，从几个月前开始，李悦设计的方案总是有很明显的不足，再也没有被公司所采纳。为此，部门经理非常着急，明里暗里地为她鼓劲。但是，一次偶然的机会，部门经理却发现原来李悦在为竞争对手做兼职，将好的设计方案全都给了对方，甚至连公司机密都泄露了给竞争对手。老板知道后大发雷霆，下令立刻将李悦辞退，并扬言要在行业内将李悦的名声搞臭。

部门经理认为，李悦违反了公司的制度被辞退是理所应当的，但是若是让她无法再继续设计的工作却有些赶尽杀绝了，非但不会对员工起到警示的意味，反而会让员工有种唇亡齿寒的感觉，对公司感到失望而与公司渐行渐远。

所以，部门经理并没有按照老板说的去做，而是决定给李悦开一个欢送会，做到人走茶不凉，让员工看到公司人性的一面。

欢送会很温馨也很感人，让李悦惭愧不已，她在欢送会后很诚恳地向经理承认了错误，并表示想继续留在公司发展，绝不再做有损公司利益的事。

部门经理拒绝了她的请求，对她说道："辞退你是因为你违反了公司的制度，这是不可更改的事实，也是公司最公正的决定，是对制度最好的执行。"

欢送会后，部门经理发现员工对公司的制度真正在心里认同了，与别的部门同事有工作交集时，也不忘宣传公司的人性化管理，给其他员工带来了很多正面的影响。并且也更自觉地去遵守公司制度了。

部门经理通过对李悦违反制度的处理，让部门员工看到了公司奖罚分明的一面，通过这件事强化了员工对企业制度和文化的认同感，使得企业的制度更具有公信力。而员工对企业制度的认同，也无形中加强了制度的影响力和作用力，让员工更好地为企业服务，从而创造更高的业绩。

我们每个人在社会中成长，离不开制度的约束，法律就是国家的制度，它告诉我们什么事能做，什么事不能做，正是有了制度这把尺子，我们才能约束自己的行为，在社会中健康地成长。对于企业来说，制度就是"法律"，是员工必须严格遵守的行为规范，良好的制度将为企业带来更大的生存保障。只有按制度行事我们才能约束自己的行为，在制度的激励下寻求更好的发展。

我们知道，一件事只要重复地去做就会变成一种习惯。企业的制度不是单纯地对行为的约束，而是通过这种约束帮助员工养成良好的习惯，让员工将制度转化成日常生活中的生活习惯，从而可以摆脱掉许多不良习惯和心理对自己的影响。这样，当制度深入员工的心里、固化成自己的行为后，企业的管理才能更顺畅地展开，从而为企业打造一支高效的员工队伍。

### 1. 警告，事先让员工明确制度

要想让员工更好地遵守制度，首先就要让员工明确制度，同时这也可以避免以后有人违反制度而以"不知道"为借口逃避惩罚。

所以，在员工刚一入职或者制度刚一出台的时候，管理者就应该确保制度宣传到位，保证每一个员工都了解，同时可以让员工签名，做好制度管理的前提工作。

**2. 无论奖惩都要及时**

制度管理，最容不得拖泥带水。如果员工违反制度，但企业却迟迟没有做出处理，那么一方面就可能让这个人因此而逃掉惩罚，另一方面也会让所有人对制度的有效性产生怀疑，甚至以身试法。相反，如果一个人按照制度本该得到奖励，企业却迟迟没有表示，那么也会让员工失去工作积极性。所以，要想保证制度管理的有效性，那么企业就要做到无论奖惩都要及时。

**3. 公平性原则**

作为管理者，要明白员工不会自觉地去遵守制度，所以要想让制度对员工起到约束作用就需要管理者去增加制度的威慑力，做到奖罚分明，让员工不敢再以身试法。特别是对那些有功于企业的员工，更不能放任其挑战制度的权威，管理者要为了维护制度的威严，而勇于拿这些人开刀，在员工心里真正树立起制度不可挑战的信念，从而更自觉地去遵守制度，让制度来固化自己的行为。

刘峰是一名人事经理，负责公司的考勤制度。在公司里最受重视的就是销售部，因为企业的利润都是由他们创造的。销售部的经理牛伟个人能力很强，对于管理团队也很在行，但是他有一个最大的问题就是爱迟到，一个月里基本没有几次是按时来公司上班的。因为销售部的业绩摆在那里，所以老总对牛伟的这点小毛病也就睁一只眼闭一只眼。可是，渐渐地，在牛伟的影响下，整个销售部的员工都变成了迟到大王，很少有人再按时上班，这给公司其他部门带来了很坏的影响。

刘峰将此事反映给了老总，并提出要按公司制度对牛伟和他的销售部进行严惩，否则公司的制度就形同虚设，根本起不到任何作用。老板同意了刘峰的建议，并按照规定对牛伟做出了惩罚决定。

这个决定公布的第二天，公司的员工就发现销售部再也没有人迟到了，而且每天都比别的部门提前十分钟到公司，这十分钟牛伟用来对员工进行制度宣传，让销售部成为公司制度最有力的维护者。

很多时候，我们企业内的制度之所以无法起到约束员工行为的作用，就是因为我们的管理者对制度执行得不够彻底，所以才没有在下属面前树立起制度的权威。

作为一个管理者，不管是谁敢于挑战制度的权威都不能姑息，一定要严惩到底，这样才能真正让制度在员工心中竖起警示牌，让员工自觉地去遵守制度，并通过对制度的遵守，强化自己的心智，固化自己的行为，从而保证执行贯彻到位，为企业创造高效业绩。

## 赏罚一定要严明

汉代王符在《潜夫论·实贡》中写道："赏罚严明，治之材也。"也就是说，不管是治理国家、军队和公司，还是你带的团队，赏罚严明都是最基本的管理法则。

人都是趋利避害的，所谓"天下熙熙，皆为利来；天下攘攘，皆为利往"。当利益摆在眼前，而且切实可信能够攫取的时候，那么人人都会踊跃争先；反之，如果危害迫在眉睫，人人都会退避三舍。这是最基本的人性，所以，作为管理者，要懂得利用这一规律，带好自己的团队。

奖励有很多种：开会表彰，报纸表扬，是对先进者的奖赏；口头勉励，表示欣赏，是对可塑之才的奖赏。但是，人们最看重的奖赏一般都是物质的奖赏。对于你的下属来说，与其在大会上表扬三天，还不如发给他一点奖金。不过，奖赏又不能光停留在物质上，对于一些有追求的人，精神鼓励尤为重要。因为，当人们意识到自己的行为受到他人重视，自己的行为被认为有特殊的重大意义时，人的主观能动性便能够被充分激发，潜在的能量才能够得到淋漓尽致的发挥和运用。"士为知己者死""赴汤蹈火，在所不辞"皆是很好的例证。

人人都喜欢被奖赏，相应地，人人都不喜欢被处罚。处罚有轻有重，轻则臭骂几句，而重者，如果你是一名战士，就有可能被就地处决。即便是在公司，比较重的处罚如开除、追究刑事责任等，也足够让人畏惧。有人说，公司的治理需要人性化。不错，基本人性的管理都是有效的。但是，这并不意味着事事都只能采取正面的、向上的措施。人性的弱点是普遍存在的。士兵如此，员工也是如此。只是，具体操作的时候，在尺度的把握上，我们可以灵活地掌握。尤其是在重罚时，因为我们的对象是员工，所以，我们还必须"治病救人"，不能把犯错误的员工一棍子打死，要给他机会，让他翻身。

但是，罚，还是一定要罚的。

赏有时候并不一定就是有用的。曾经有一个国家城门深夜失火了，火势很大，有可能蔓延开去，国王很惊慌，于是传了旨意要求老百姓起来救火。他许诺凡是参加救火的百姓都赏金银布帛，并且免除徭役，但是，深夜时分，没有谁愿意来救火。于是一位智者建议说，如果赏不起作用，那么就用罚吧。于是，国家的命令变成了，凡是不参加救火者，罚多少钱，服多少年役。命令一出，周围的百姓都跑来救火了。

所以赏罚是一个硬币的两面，离开任何一方，另一方都不能成立。只有赏，人们容易懈怠和投机；只有罚，人们容易消极或者反抗。

关于赏罚严明，一定要做到以下几个方面。

### 1. 有功必赏

齐威王召见即墨大夫，对他说：自从你到即墨以后，我就一天天听到人家讲你的坏话。可是我派人去即墨视察，却看见那里是"田野辟，人民给，官无事，东方以宁"，情况良好。为什么会这样？是因为你没有贿赂我的左右，求他们给你讲好话。于是，齐威王奖励了即墨大夫。有功必赏，论功行赏是激励下属的最好手段。如果有功而不赏，就会让下属寒心，失去前进的动力。反正做不做都一样，那还不如不做呢？不是吗？

### 2. 有过必罚

威王又召见阿大夫，对他说：自从你做了阿的地方官，我就一天天听到夸奖你的好话。我派人去视察，看见的却是"田野不辟，人民贫馁"。赵国攻打鄄，你不救；卫国占据薛陵，你不知道。为什么会这样？是你用重金贿赂我的左右，求得他们的赞誉。当日就将阿大夫和左右讲假话的人都用"烹"刑处死了。"于是群臣耸惧，莫敢饰诈，务尽其情，齐国大治，强于天下。"如果有了过错不处罚，那么你就失去了一次纠正下属的机会，很可能一次错误就如此顺理成章地一直错下去，今后再要纠正就比较困难了。所以，该罚的时候一定不能手软。

### 3. 双管齐下

赏与罚双管齐下，并且两手都要硬。下属取得成绩，给予肯定，不吝啬表扬；下属犯了错误，给予指正，并先检讨自己是否教会了下属正确的工作方法。"罚"的目的在于"惩前毖后，治病救人"。这里有一个小故事值得借鉴：有一天，工厂男浴室屋顶灯泡坏了，浴室里一片漆黑，工人吵吵嚷嚷。领班通知电工去换，但谁也不去，领班说："谁去换灯泡，给100元。"一会儿浴室顶上七个灯泡全换好了。厂长说道："这笔钱从集体奖金中扣。"不但如此，还规定以后公共场所灯泡坏了，若电工们不去换而别人去换，则换一个灯泡就拿奖金，且一律从电工组奖金里扣。这一招真灵，从此，走廊、厕所、浴室总是亮堂堂的，再没发生过黑灯瞎火的事情。由此可见，赏罚分明，双管齐下对员工的心理震慑力是何等的强大。

### 4. 不赏私劳，不罚私怨

如果仅仅因为你的司机曾经帮你送病危的母亲去医院而奖，那么这种奖是毫无价值的，并且可能让员工对你形成一种假公济私的印象。同样，如果你仅仅因为下属的一次顶撞，或者没有请你吃过饭就对他加以处罚，那么公报私怨的罪名你就戴定了。

### 5. 拔能降庸

赏罚分明体现在职位的安排上，则是要拔能降庸。曹操就认为，将士的升迁应以战功为重，不能论资排辈，凡屡建战功而又堪当重任者，就要毫不犹豫地授予重任。公平理论认为，一个人对他的赏罚是否满意不是只看其绝对值，而要进行多方面的考虑。如果奖惩做到了公正合理，下属会感到满意或者服气，从而努力工作；否则就会感到不公平、不合理而影响工作情绪。

### 6. 赏惩之妙，存乎一心

运用得好，赏即是罚，罚即是赏。比如，某组织一直计划并放出话来年底要给全体成员发放奖金，时值岁末，因为政策变动临时取消了一些福利，于是有些下属开始阳奉阴违。为了缓和下属的抵触情绪，减少惩罚涉及的打击面，领导决定先对外公布要精简机构，可能大量组织成员面临被裁的危险。等大家的视线转移到担心自己的工作问题时，领导再出来公布大家都可以留下来继续工作，但奖金等福利措施取消了。这种管理的艺术，变惩罚为鼓舞，让下属在接受惩罚时怀着感激之情，进而达到激励的目的。

## 管理者要做到明察秋毫

要保证企业战略的执行与制度的落实，管理者必须亲自去检查工作；检查工作与督导员工，乃管理者的天生职责。在检查的时候必须有重点，诚如IBM中国区总裁郭士纳所说的："如果你强调什么，你就检查什么，你不检查就等于不重视。"所以，检查工作是注重细节的重要表现，检查也就成为实施细节管理的保障。

具体在检查工作的时候，不要泛泛地检查，要有所选择地检查几点，其他方面就不必看了。不要想在一天里把什么都看到，实际上也做不到。这种检查制度要坚持下去，不要让任何事情分散我们的精力，也不要让任何事情打断例行公事。这样，我们所管辖下的整个工作就会有条不紊地顺利进行。

管理者在检查时要按照选择的重点进行检查，而不是按照下属为其提供的重点进行检查。如果没有自己的重点，那就可能被别人牵着鼻子走。时刻不要忘了谁是检查者，谁是被检查者。

另外，每次检查的内容不要少于三点，但也不要多于八点。每天都要有变化，这样，用不了多长时间，就会把全部工作程序和工作任务都检查到了。

要多问问题。检查工作是为了更多地了解情况，而不是让别人了解自己。所以要多问，细心听取回答。让下属告诉我们他们怎样改进了自己的工作。他们很愿意说明自己的情况，毕竟大多数的人还是希望把工作做得更好的。

重新检查所发现的错误。如果不能采取必要的行动改正曾经发现过的错误，那么这样的检查就没有太大的价值。既然发现了错误，就有必要重新检查。

管理者每天要专门拿出一点时间检查工作。每天都要检查所管辖的工作的一部分。但不要每天都在同一时间检查同一内容。要变换时间，也要变换检查的内容，比如有时在上午检查，有时在下午检查，如果是两班倒或者三班倒的话，夜班时也要检查，不要让任何人逍遥法外。即使因故不能到现场检查，也要通过电话等手段询问，以示重视。

管理者要有明察秋毫的眼光，对一些执行的细节能够见微知著，及时发现状况，及时督导、指正。

德国著名的连锁超市DM目前已有1370家连锁店，2万多名员工，年销售额高达20多亿欧元。这么大一个集团企业，它的管理者是不是只坐在办公室里研究市场发展状况、做出经营决策呢？

实际上不是这样的，DM的创造人格茨·维尔纳经常会到一些连锁分店去逛逛。一次，他走进一家分店，四处观察后，对店长说："请给我拿把扫帚。"店长非常不理解维尔纳的用意，维尔纳指指地下的灯光说："你看，灯光的亮点聚在地上，什么用处也没有。"

于是，维尔纳用扫帚柄拨了一下上面的灯，让灯光照在货架上。维尔纳用自己的行动证明了他对细节的重视。

管理者是企业员工的教练，是导师，一个老师自己不能为人师表，那他又怎么去教育去培训他的学生呢？或者，他根本无法培养出优秀的学生；或者，他所培养出的学生都会和他一样。维尔纳的例子说明，管理者如果能在细节的问题上做出榜样，那么员工就会学习，这样每个员工会对自己的工作更加用心。只有"莫做甩手掌柜"，才能使执行中的细节变得有实际意义。

# 第四章
## 用人的艺术

一项大型调查揭晓那些让总裁们夜不成眠的事情，排在最前面的三项依次是：如何吸引高素质的人才？如何留住主要员工？如何开发现有员工的技能？

可以看出，吸引和留住员工是人力资源管理者面临的头等挑战。据调查，各公司花在人员流动上的成本是支付给员工年薪的1.5~3倍，56%的经理人员和64%的普通员工每年有12次考虑离职，38%的经理人员和47%的普通员工不满意他们的工作。

## 聘用人才，沙里淘金

当你的公司出现职位空缺时，你可能要面向社会招聘一些员工，如何审查、组织面试从而使你获得高素质的人才，这是你非常关心的问题。

### 1.最好审查他过去的行为

许多管理者要考察诸如努力工作、坚持不懈、自信和可靠等方面，但是人格特性并不是预测未来工作的良好指标。

我们多数人很相信特性对行为的预测力，我们知道人在不同情境下有不同的行为，但我们又倾向于以特性将人们分类，对这些特性进行判断（比如认为自信就"好"，顺从就"不好"），以及根据人们的特性分类来对其做评价。管理者在招聘和评价现有员工时常常如此，毕竟，如果管理者确实相信情境决定行为，他们就会以近乎随机的方式招聘员工，然后重新设计组织环境以配合员工的优势。但是，在大多数组织中，员工的甄选过程过于强调特性。组织在招聘中一般注重申请人在面试和测试中的表现如何，对特性的重视由此可见一斑。在面试中，管理者观察并倾听员工是否具备一个"优秀员工"应有的"特性"，同样，测试也常常被用来决定申请人在多大程度上具有"优秀员工的特性"。

在招聘过程中使用人格特性存在两个问题：首先，组织环境可以对员工的行为施加很大的影响；其次，个体具有高度适应性，个体特质能够随着组织情境的变化而变化。特质用以解释行为时，在较弱的情境下效果最好，而在较强的情境下效果最差。组织环境一般为强情境，因为规则和其他正式的规章制度会肯定可接受的行为，惩罚有偏差的行为，而非正式的规则会规定适当的行为。这些正式和非正式的规则使人格特性产生的影响降到最小的程度，相比之下，像野餐、派对之类的非正式环境是弱情境，我们认为在这些情境下，可以很好地预测行为。

尽管人格特性一般比较稳定，但越来越多的证据表明，人格特性可以被个体所在的组织所改变，而且，人们一般会从属多个组织（如社区、宗教、社会、学术、政治，以及雇主），这些组织常常会包含各种各样的成员，他们要适应这些不同的情境，事实上，人们的个性不是一成不变的，他们能调整自己的行为以反映不同情境的需要。

如果特性不是特别适合于预测员工未来的行为，那么管理者应该采用什么标准呢？答案是过去的行为，预测个人未来行为的最好指标是其过去的行为。因此，在面试候选人时，管理者应该询问一些与目前工作相关的过去经历的问题。例如，"你在以前的工作中是怎样展示你的创造力的？""在你上一份工作中，你最想完成而又未能完成的是什么？为什么没有完成？"

最后的结论是：做一个全面的背景调查仍然是有必要的，还要确认申请人的教育证书，以及向前雇主询问申请人的雇用期限和责任范围。如果员工还要处理财务或证券方面的事项，那么检查可能的犯罪记录也是明智的做法。

## 2. 坦诚相见

大多数管理者在面试的时候，几乎毫无例外地集中介绍工作和组织的优越之处，如那些有趣的工作任务、同事之间的深情厚谊、晋升的机会、丰厚的福利等。即使知道工作和组织的缺点，管理者也会谨慎地避免这些话题，为什么要让这些不好的方面赶跑一个好的申请人呢？

其实这些管理者犯了一个错误，他们的做法会导致员工失望之余立刻辞职。那么，花在浏览申请人的申请材料和面试上的时间都白费了，而这些努力都发生在新员工断然辞职前仅仅几个星期或者一个月。

没有任何工作或者组织是完美的，如果管理者从一开始对申请人坦诚相见，便有可能留住人才。

如果申请人接收的信息过于浮夸，组织将因此蒙受潜在的负面影响。首先，不合适的申请人不可能完全在甄选过程中被淘汰出去，这些人会对工作不满，很快辞职。其次，负面信息的缺失造成虚假的期望。如果被录取，新员工很可能迅速失望。这样，反过来会降低了员工的工作满意度，并导致他们过早地辞职。最后，当新员工面对工作的缺陷后，会感到希望破灭，对组织的承诺感也大大降低，没有人愿意在应聘中上当受骗。

除了正面的评价外，管理者可能会告诉申请人在工作时间内与同事谈话的机会很少，或者工作量波动很大，或者员工在繁忙的时段里压力很大。电信科技公司的首席营运官安纳什·安萨瑞提倡使用现实工作预览，她说，她会特意在面试中描绘一幅黯淡情境的画面，试图恐吓那些有希望的申请人。例如，她告诉他们每天需要工作 10 ~ 12 个小时。她说，"有些人落荒而逃，但留下来的人却忠心耿耿，愿意做工作中的任何事情"。

有证据表明，申请人对工作持有较低但更为现实的期望，并能更好地面对工作和其中的不利因素，这使得组织可减少预料之外的辞职。尽管宣扬工作好的方面会在一开始吸引申请人加入组织，但这也许是一种双方很快都会后悔的结合。

### 3. 面试的诀窍

面试的结果常常在雇用决定中具有相当重要的作用。

有效的面试技巧不仅仅是公司招聘人员或者人力资源部门应该掌握的，所有参与部门雇用决策的管理者都应该胜任有效的面试。

怎样才能成为一个更有效的面试者？下面是一些经过广泛调查得出的有用的方法。

首先，在会见申请人之前，面试者应该浏览申请表格和简历，以及这份工作的职务说明书。接着，计划一个结构化的面试，特别是使用一系列标准化的问题。也就是说，你应该向所有申请同一份工作的人提出同样的问题。要选择那些不能简单地回答"是"或"否"的问题，同时，也要避免那些引导性问题（如"你认为你具有好的人际关系技能吗？"）。在大多数情况下，除非你能证明问题以某种方式与工作绩效有关，否则要避免问某些问题。美国法律禁止提问那些与婚姻、家庭状况、年龄、种族、宗教、性、伦理背景、信用状况和犯罪记录有关的问题。不要问"你结婚了吗"或"你有孩子吗"，而要问"你是否有什么原因使你不能一个月加几次班？"

当你会见申请人时,要假定对方非常紧张,所以要让他放轻松些。先做一个自我介绍,态度亲切些,再以几个简单的问题或几句话来打破僵局,接下来介绍一下你要谈的几个方面,面试持续的时间,并且鼓励对方提出问题。

实际的面试是一个提出问题并展开讨论的过程,事先准备的问题在这时起一个引导的作用,以确保面试涵盖了所有准备的问题。从申请人对这些标准问题的回答可以产生下一轮的问题,以便进一步发掘申请人的回答。如果你认为申请人的回答过于肤浅或者不充分,就请他解释一下。例如,为了鼓励申请人更深入地回答,你可以说,"请就这个问题再说得详细一些"。为了澄清有关信息,你可以说,"你说偶尔加班没问题,你能具体告诉我你什么时候愿意加班吗?"如果申请人没有直接回答你的问题,就把问题重复一次或者换个说法解释一下问题。重要的一点是,要利用面试中沉默的力量。在申请人看上去已经回答问题之后,你要稍微停顿几秒,你的沉默不语会鼓励对方谈下去。

问题和讨论结束之后,你要将面试概括一下。为了让申请人知道面试已经结束了,你可以这样说:"好了,我的问题就是这些。你对这份工作或者我们的组织还有没有什么我没回答的问题?"然后告诉申请人下一步会怎样,他什么时候可以得到进一步的消息,以信函、电子邮件还是电话的方式,是否还会有下一轮的面试。

在你结束面试之前,要趁你的印象最清楚的时候,把你对申请人的评价写下来。申请人离开之后,要花时间检查你的记录以及评价申请人的回答。

### 4. 拿不定主意时就招聪明人

一般而言，聪明的员工干得很出色。

所有的工作都需要智力或认知能力，因为推理过程和决策行为都要用到这些能力。如果工作是从未做过的、模糊不清的、变动的，或类似会计师、技术人员、科学家、建筑师和医生这样的职业，高智商与工作绩效相关度就很高。但是，智商也可以很好地预测中度复杂的工作，如手工艺、神职工作和警察工作。智商在预测某些不需要特殊技能的工作时不太有效，因为这些工作只需要常规的决策能力或者简单的解决问题能力。

智力很明显不是影响工作绩效的唯一因素，但常常是最重要的因素。例如，比起工作面试、推荐或大学成绩单来说，智力可以更好地预测工作绩效。不幸的是，智商的基因成分（大约智力的70%是遗传的）使得智商作为一种选择工具时常常受到攻击。研究显示，种族的平均智商与经济状况有关，这招来了许多批评。有些批评者用这种研究结果来证明智商指标带有歧视性，因此主张禁止使用智商。这一点很不幸，因为证据有力地显示，智商测试并不是特意针对某一群体，测量的内容也不是受个体控制的。

如果你想招聘最好的人手，在其他条件相同的情况下，就选择最聪明的那个。

### 5. 雇用有责任感的人

我们知道，人们的个性是不一样的，有的人安静但消极，而有些人喜欢喧闹却有进取心；有些人很放松，而有些人容易紧张。

广泛的调查得出了人格特性的5个基本维度，这5个维度包括：

第一，外倾性。外倾（外向、善于社交）还是内倾（沉默寡言、胆小）？

第二，随和性。随和（合作、信任）还是相反（不随和、敌对）？

第三，责任感。有高度责任感（负责、有组织）还是相反（不负责、无组织）？

第四，情绪稳定性。稳定（冷静、自信）还是不稳定（焦虑、不安全感）？

第五，经验的开放性。乐于接受新经验（创造性、好奇）还是封闭（保守、故步自封）？

研究人员做了大量的研究，试图找出这5个因素与工作绩效的关系，结果表明，只有责任感与工作绩效有关。具体来说，责任感可以预测的范围很广，从专业人员（工程师、会计师、律师）到警察、推销员和半熟练工人。在责任感维度上得分高的人，为人可靠、工作认真细致、擅长计划、有组织性、工作努力、坚韧不拔以及成就导向。这些特点在大多数职业中都会带来较高的工作绩效。

因此，如果你试图找出与高工作绩效相关的一个人格特征，就应该选择在责任感维度上得分高的人。当然，其他的个体维度也可能与某种特定的工作相关。例如，有证据表明，外倾性可以很好地预测管理和销售工作的绩效。这类员工的社会交往程度较高，因此外倾性的特质可以起作用。

一些读者也许惊讶地发现，高情绪稳定性并不意味着高绩效，从直觉上说，冷静、自信的人应该在所有工作上都比焦虑、不自信的人干得好。进一步的调查表明，只有在情绪稳定性维度上得分高的人，才能够长时间地做同一份工作。既然参与调查的所有被测人都正在工作着，这样研究调查的范围无形中就被限定在情绪稳定性高的群体上。也就是说，在情绪稳定性维度上得分低的人常常不会被录用，即使被录用，他们常常不会干得太久！

## 用人不疑，疑人不用

在沃尔玛，每一个管理者有镌刻着"我们信任我们的员工"字样的纽扣。这正是沃尔玛从一家小公司发展成为美国最大的零售连锁集团的秘诀之一。要搞好现代公司，就要把信任作为公司最好的投资。信任是未来管理文化的核心，它代表了先进公司未来发展方向。著名的日本松下集团，其商业秘密从来不对员工保密，他们在新员工上班的第一天，就对员工进行毫无保留的技术培训。有人担心，这样可能会泄露商业秘密。松下幸之助却说，如果为了保守商业秘密而对员工进行技术封锁，员工会因为没掌握技术而生产更多的不合格品，加大公司的生产成本，这样的负面影响比泄露商业秘密带来的损失更为严重。而对于以脑力劳动为主要方式的公司，其生产根本无法像物质生产那样被控制起来，信任也是唯一的选择。相反，如果对员工不信任，就会成为管理中最大的成本。人们为不信任付出很高代价。不信任的直接后果是听不到团体中的创造性意见，甚至可能降低公司的生产能力。一旦消除不信任，工作就会明显改观。在把不信任转变为信任的过程中，管理者的作用十分关键。下属们通常只是用躲避或抵制作为对不信任的回应。另外一些人则把这种不信任一级一级往下传。由于害怕领导的惩罚，有人就不信任自己的下属人员。许多会议都因不信任而不欢而散。人们相聚时的精力差不多都用于维护自己的尊严和以不信任回报不信任。而对业绩的改进没有任何帮助，谁也不愿意这种情况发生，但总是有人自觉或不自觉地将公司推向"不信任"的陷阱。

对部下不信任，最终将导致企业丧失凝聚力，枪口无法一致对外。企业文化的重要内容之一，就是对人要充分信任。正所谓"用人不疑，疑人不用"。一些企业不但没有建立起以人为本的企业文化，反而在发展到一定阶段时出现了内部权力之争，企业失去了凝聚力，也就失去了它的社会资本。

所谓企业的社会资本，是指人们为了实现企业利润最大化的目标而在企业内部互相信任、互相依赖的一种社会资源，它是企业发展所不可缺少的。企业增值的一个重要条件是组织内部共同协作的能力，而这种协作的能力是建立在相互信任、相互合作的基础上的。

在一家企业内部，倘若没有相互信任，缺乏共享的价值观念、专业知识以及共事合作的准则，那么，其员工之间就无法彼此信任，企业的社会资本难以形成，经营效率难以提高，企业的竞争力也就不可能得到增强。

有关社会资本的著名国际案例是美国王安公司的兴衰史。王安公司失败的最重要原因，并非它缺乏人力资源——1984年该公司的营业额高达33亿美元，雇有48万名员工，可谓实力雄厚——而是缺乏社会资本，缺乏将公司内部员工相互凝聚的社会基础。受中国传统文化的影响，王安本人对家族外的美国高层管理者不放心，也不信任。因此，当外部竞争环境发生变化时，他便把公司大权交给自己的儿子，而本应继承权力的美国经理却遭到了冷落，结果导致许多有才华的经理人在关键时刻离职而去，使公司经营业绩一败涂地，到了不可收拾的地步。

松下说：用他，就要信任他；不信任他，就不要用他，这样才能让下属员工全力以赴。用人固然有技巧，而最重要的，就是信任和大胆地委派工作。通常一个受上司信任，能放手做事的人，都会有较高的责任感，所以无论上司交代什么事，他都会全力以赴。相反地，如果上司不信任下属员工，动不动就指示这样、那样，使下属员工觉得他只不过是奉命行事的机器而已，事情成败与他的能力无关，如此对于交代的任务也不会全力以赴。

管理者都知道信任别人对工作会有所帮助，但却很不容易。上司在交代员工做事时，心中总会存着许多疑问，譬如说："这么重要的事情，交给他一个人去处理，能负担得来吗？"或者想："像这种敏感度很高，需要保密的事，会不会泄露出去呢？"管理者常会有这种微妙的矛盾心理。

而更微妙的是，当上司以怀疑的眼光去对待员工时，就好像戴着有色的眼镜，一定会有所偏差，也许一件很平常的事也会变得疑惑丛生了。相反地，以坦然的态度，就会发现对方有很多可靠的长处。信任与怀疑之间，就有这么大的差别。

现代社会最大的缺点，就是人与人之间普遍缺乏互信互敬的胸怀，因此导致许多意识上的疏离，甚至行为上的争执，造成社会秩序的混乱。管理者如果能培养起信任别人的度量，不但可以提高办事效率，还可以为这个冷漠僵冻的人间增添许多光明与和谐。

信任创造价值。企业主之所以诞生和存在，是因为企业内部的信任关系造成内部交易成本降低，低于市场上的交易成本。因为中间有了成本上的差别，企业才能生存。

中国的民营企业很多从家族企业发展而来，企业主对经理人能不能信任，经理人能不能安心为企业服务，对企业来说至关重要。包括国企经理人也是如此，能否得到充分信任，是他在这个舞台上充分体现价值、发挥才干的前提。信任，将是我们中国企业面临的必须解决的问题。成功者之所以成功，就是因为他在信任方面多迈出了几步，走在别人前头，做得到位，于是就拥有了别人没有的财富。信任就是一种财富，一开始可能只是付出，但将来一定会有回报。信任带来合作，信任创造价值。

三星集团管理者李秉哲一直坚持"人才第一"的经营理念。他尊重下属员工，并创造条件使他们充分发挥才能。"疑人勿用，用人勿疑"，这是李秉哲从创业初期就开始实行并一贯坚持的用人之道。只要他看准的人才，就大胆提拔使用，努力扶持并予以充分的信任，使他们信心十足地发挥自己的潜力。有"硅谷常青树"美称的惠普公司认为，人才最需要的是信任和尊重。惠普在这方面是一个包容性很强的公司，它只问你能为公司做什么，而不是强调你从哪里来。在处理问题时只有基本的指导原则，却把具体细节留给基层经理，以便做合适的判断，这样公司可以给员工保留发挥的空间。惠普是最早实行弹性工作制的企业，允许科技人员在家里为公司做工作。惠普不歧视离开惠普又想返回的人才，曾经有一位高级副总裁在惠普的经历是三进三出。惠普实行分权管理,在公司管理层的支持下,各类人员各负其责,自我管理,公司鼓励员工畅所欲言,要求员工了解个人工作情况对企业大局的影响,并不断提高自身的技能,以适应顾客不断变化的要求。

因此对待要用之人,要抱着宁愿让对方辜负我,我也不愿怀疑他的诚意,如此才可能赢得员工对他的忠诚。

## 敢用比自己强的人

"敢不敢用比自己强的人?"这恐怕是老板在用人中对自己最大的考验,同样也是老板最容易犯的错误。

"他都比我强了,那在其他员工眼里,他是老板还是我是老板?"某企业老板直言不讳,一针见血,这种武大郎开店——不允许伙计胜过自己的老板的心态一目了然。

第一,别人比自己强就意味着自己不称职,不称职的老板会在员工心中丧失威信,丧失了威信当然就做不了老板。

第二,员工中有人比自己强,那么肯定会对老板的位置虎视眈眈,早晚想取而代之,又何苦养虎伤身呢?

第三,有本事的人多少都有点野心,迟早要另立门户,我干吗给他营造个人发展的机会,到时多个强敌呢?

第四,公司里,天老大,我就老二。

在这种心态支配下,老板往往是希望别人拿放大镜来看他,而他自己却用显微镜来看别人。当比老板强的员工的工作取得各部门的赞许和支持时，老板会觉得他们是在树立自己的威信而且是在动摇老板的最高权力。于是乎，老板会有意无意地疏远他们、压制他们，从而严重地挫伤这些员工的积极性。

这种武大郎型的心态说到底是一种弱者的心态，外表的强硬正透露出其内心的虚弱，反映出自信心的极大缺乏。真正的强者愿意接纳桀骜不驯的部下，因为他有信心，他能控制局面，因为这样的老板关心的并不是别人对自己是否顺从，他有能力赢得别人真正的尊敬，更因为他看重的是人的才能，也更关注企业发展的大计。

一个老板雇用了一批庸才，然后老是奇怪为什么这些人一点干劲都没有，更谈不上有所创新。一个小企业的老板录用人员的标准是：能干但不能精明，以免抢走公司的客户另立门户。后来他发现越来越不对劲：怎么雇了这么些庸才？

老板不雇用一流的人才并促使他们做出一流的成就，那么你就将你的公司降至二流、三流，甚至不入流的行列。

美国钢铁大王卡耐基的墓志铭一直被商界人士传为佳话，因为上面这样写道："这里长眠着一位先知，他勇于用比自己强的人才！"

凡欲成大事的企业家，都能够把比自己能力强的人才招揽到自己旗下，并且诚心相待。小企业老板切莫把自己的企业办成"武大郎"开的烧饼店。

对于小企业的老板来说，雇用能力比自己强的人才，即必须雇用但又难用。说难用，恐怕是领导见手下员工比自己能干，心理上不平衡，生怕这些人有朝一日取代自己。另外，这些人在性格上一般有一股傲气和犟劲，用起来不太顺手。如何处理这一矛盾呢？

### 1. 心存"忧心"，转变观念

企业，尤其是小企业创办不容易，守住基业，发展壮大更不容易。因此，企业生存发展的危机感最主要的是对企业内人才的危机感。如果企业始终像个"武大郎"烧饼店，这个企业时间不长就会被同行挤垮。人才与智力资源是企业内最宝贵的物质财富，是企业实现差别化竞争战略的前提条件。因而企业老板只有把重视人才提高到企业发展的战略高度，他才会真心诚意去选用比他们自己强的技术与管理人才。

### 2. 诚心待之

"教人者，人恒教之。"对于比自己能力强的人才，越压制他，他就越不服管；越尊重他，就越能使他对你信服。尊重表现在以下几个方面：

第一，在语言的沟通交流上，以礼相待。注意在称谓上要使对方有亲切感和被尊重感，叫×工或老×比直呼其名好。

第二，对于他们的工作（是他们发挥长处的方面），大胆放手，出了成绩归功于他们，出了问题自己主动为之承担责任。

第三，对于他们所长而正好为己所短的知识，不耻下问，主动请教，甘当小学生。

第四，背后多讲他们的好话，对其能力进行夸奖和赞赏，并表现出这也是企业的光荣和骄傲的自豪感。

### 3. 适时适地地指出其不足，并协助他改正或补救

所谓适时，就是在他急躁时使他冷静下来，在他悲观及情绪低落时为他鼓劲打气。所谓适地，就是根据对象的个性心理特征，对

承受力强且自我约束力低的人当众指出其不足，对于承受力弱或自尊心强的人用"蜻蜓点水"的方式予以暗示或私下单独交换意见，分析其不足的原因。在指出不足的同时，要用实际行动来帮助他改正或补救其不足，使他认识到老板的做法不是在整他，而是在帮助他完善自己。

### 4. 推荐并提出忠告

当这些能人希望做别的工作或提出离开企业时，首先要开"绿灯"，并向他们提出忠告，看从事的工作是否适合他们，根据他本人的情况及即将面临的环境，提出应当注意的问题。同时表明，若到新职位后感到不适，欢迎他回来。

另外，应积极推荐他们去做更能发挥其长处、更能做出贡献的事，因为这样做不但能使被推荐者对老板产生敬意，而且还能使其他未被推荐者也对老板产生敬意，结果必然使他们通过多做工作、做好工作来回报。

## 利用企图心引爆驱策力

一头牛若不口渴，我们将它的嘴强行按在水里，它也不会喝一口；如果它极度口渴，就是用绳子拴住了它的鼻子，它宁可扯坏鼻子也会去寻一口水喝。

人也是如此，如果不需要或不怎么需要的，即使白送他也不想要；而若是自己很想要的，则会努力去争取。

我们把一个人做成某件事情或达成既定目标的意愿，称为企图心。企图心越大，其行动力、驱策力就越大。很多近似疯狂的举动，追根究底就是在强烈的企图心的支配下而做的。

人在职场，有哪些企图心呢？

主要有五项：发展、薪酬、成就感、快乐、稳定。

发展很好理解。也就是说，想通过公司的平台，谋求自己的前途。相对眼前利益来说，他们更看重未来能得到什么。如果未来是乐观的，那么即使现在艰苦也依然有着高昂的积极性。反之，即使现在很安逸也觉得没意思。

根据调查，大多数大学生择业时第一考量的是薪酬福利。而对于有多年工作经验的职场人士来说，薪酬福利低是他们跳槽的一个重要因素。

相对薪酬来说，职业成就感更偏向于精神层面。职业成就感指的是工作让自己的能力得到的体现。在庖丁解牛的故事中，一个宰牛的厨工游刃有余地将牛分解之后，"提刀而立，为之四顾，为之踌躇满志"，可见他有高度的职业成就感。恐怕别人拿更高的薪水要他去做更轻松的活，他也是不乐意的。

根据职场跳槽数据，男性多因为薪酬而跳槽，女性多因为环境而跳槽。这里所谓的环境，包括职场的硬件与软件。但总之一条，环境让人是否感到快乐、愉悦，是不少职场人士所看重的。

并不是所有的职场人士都求名求利，也有人求的是稳定。稳稳当当，旱涝保收，不求闻达于职场，只求稳定在单位。这就是为什么那么多人宁愿去事业单位的原因。工资不高，要做的事不少，发展也较为有限，但稳定。

以上五个企图心，是员工工作积极性的强大推进器。

有一个年轻的女孩，经常会为爱情、亲情、友情、事业、金钱迷茫纠结。

为了寻求帮助，她找到了一位心理专家。心理专家拿出一张白纸，在上面写下"爱情、亲情、友情、事业、金钱"五个词。告诉她："现在你带着爱情、亲情、友情、事业、金钱在飞机上。现在，因为发动机出现故障，机长要求你必须扔掉其中一样，这些扔掉的将永远无法找回，请问你扔掉什么？"

女孩想了想："我扔掉金钱。"

心理专家把纸上的"金钱"删去，并在下面标注数字5。又说："飞机仍然不能维持足够升力，机长要求你再扔掉一样。"

女孩想了很久："事业吧。"

心理专家将纸上的"事业"删去，并在下面标注数字4。又说："飞机仍然不能维持足够升力，机长要求你再扔掉一样。"

女孩显得非常痛苦，很久才轻声地说："友情。"

心理专家将纸上的"友情"删去，并在下面标注数字3。又说："飞机仍然不能维持足够升力，机长要求你再扔掉一样。"

女孩听了，脸色苍白，豆大的汗从额头上冒出来。她嗫嚅着："必须要扔掉一件吗？"

心理专家点了点头。

女孩的眼眶里有了泪水："可以把我扔下去吗？"

心理专家摇了摇头："机长不会允许的。"

女孩又想了很久，最后，她闭上眼睛，哭着说："爱情！"

心理专家将纸上的"爱情"删去，并在下面标注数字2。然后，又在幸存的"亲情"下面标注数字1。

"睁开眼睛吧，孩子，我已经有了答案了。"心理专家将纸递给女孩："你最在乎的是亲情，然后依次是爱情、友情、事业与金钱。下次你再碰上难以抉择的问题，按照这个顺序，选择自己最在乎的，你就不会违背自己的内心，也不会有后悔了。"

这个女孩因为不清楚自己的价值观，不知道什么对自己是最重要，什么是次重要的。因此在面临选择时才迷茫纠结。一旦价值观捋顺，选择就清晰明了了。

作为团队领导，你必须花力气去了解那些和你每天共事八小时或更多时间的人，找出他们各自的职业价值观：有哪些事物能够驱动他们？是高薪酬吗？还是需要成就感？

如果你知道他们想要什么、有怎样的企图心，并能描绘出一条路径，将他们的企图心与你自己的组织需求结合在一起，自然就能打造出一支超强战斗力的团队。

一样米养百样人。不同的出身、现状、个性，会导致员工的企图心有所不同。如何才能探知员工的企图心呢？

你可以学习心理专家的方法，要求员工将以上五大需求，按照重要性分别从1～5排出顺序（1表示最看重，依此类推），以此考察员工的"职场价值观"。对于新进员工，在面试时就可以把这个工作给做了。

如果你觉得心理专家的方法太正式，员工的回答不见得真实，那么你不妨采取一对一沟通的方式，从侧面了解"发展、薪酬、成就感、快乐、稳定"在他内心的分量，再结合平时的观察，就可以制作出该员工的职场价值观图谱。

需要提醒的是，职场价值观并没有正确与错误之分，亦无高下之别。

## 满足员工不同需求

在现实的团队管理中，有的员工可能希望得到更高的工资（薪酬），而另一些人也许并不在乎工资，他们更看重未来的发展……

你应该明白，对某一个人有效的奖励措施，可能放在其他人的身上就没有多少效果了。所以，你应当针对员工企图心的差异，对他们进行差别化、个性化的激励。

首选"发展"的员工，善于学习，自我学习能力很强，善于独立思考问题，对待新生事物敏感并且好奇，喜欢分析性和创造性的工作，有理想和个人远期目标。他们对激励的需求是企业愿景和个人愿景相结合，容易被企业文化精神理念所感染，管理者应注意将企业愿景激活，帮助其扩大视野，将眼光放远一点；尽量为其安排具有创造性和挑战性的工作，在鼓励创新的前提下允许他们犯非责任性错误，并告知其工作难度较大，并非一般人能完成；管理者要为此类员工尽可能提供学习机会。

首选"薪酬"的员工，思想稳定、工作持久、要求实际，是典

型的实用主义者。他们看重的是眼前成绩和物质利益，自我定位是
以结果为导向。此类型员工需求的是物质激励。管理者只要为其制
定短期目标，并且明确目标和业绩之间的物质利益关系，并量化成
所得薪酬。此类员工一般业绩较优秀，能超出团队的平均业绩。他
们是管理者较为满意的员工，工作务实稳扎，可顺其自然发展，但
很难有跨越式发展。

首选"成就感"的员工，对自己的工作能力相当自信，能独立
完成工作，个性独立自主，雄心勃勃，思路清晰，并且有时盛气凌人，
权力欲望强烈；善于提意见和建议，其意见在受到重视并被采纳后
的成就感强；骨子里期望出人头地。对于企业来讲，此类员工是很
优秀的员工，具有较大的发展潜力。此类员工追求的价值观是影响
别人并获得话语权和指挥权，所以是你值得着重培养的对象。工作
中应尽可能安排他以老带新，帮助业绩较差者。你可以适当授权，
当你不在岗时，有意让其带班，帮助其提高领导才能和管理技能。
在制定各项管理制度时，多征求他的建议和意见，他往往能给予十
分中肯也十分有用的建议。对于这类员工，你可以通过给他机会获
得各项应得荣誉来进行及时的激励。

首选"快乐"的员工，以女性以及"90后"居多。他们善于社
交、善解人意、能友好合作，相信团队力量，信任理解同事和领导；
善于人与人之间的沟通，且沟通效果较佳，善于化解同事之间的矛
盾和冲突；乐于助人，解决困难能力较强；在企业中人际关系融洽，
善于为人处事。此类员工的核心价值是创造和谐，其发展需求主要
是管理者的引导，给予其充分信任和理解。你要注意利用组织的各

类聚会、郊游、联欢等团队建设活动，发挥这类员工"活跃分子"的作用。工作目标要将团队目标和他的个人绩效目标相结合，这样更能发挥他们的协作精神。

首选"稳定"的员工，工作持久、性格顺从、缺乏灵活性，为人谨慎、不愿承担风险、回避责任和压力，满足于现状，不喜欢被关注也不愿抛头露面，需要管理者的领导和指挥。这种员工的管理难度不大。企业的规章制度约束力对其较有效；其需求就是要为他明确近期内的工作目标，并注意管理的亲和力，给予较好的情绪传播。不要给他安排压力较大、挑战性很强的工作。一份安全稳定长久的工作，就是对其最大的激励。

在公司的招聘、岗位安排与调整上，企图心也是确保人员与岗位匹配的重要工具。

罗先生在重庆有一家文化公司，前台在一年中换了好多个。为了保险起见，每次换人都得更换大堂门禁密码与大门门锁，可谓不胜其烦。

大家都知道，公司前台一般没有多高的薪水，也没有多大的发展空间。偏偏这样薪水低、无发展前途的职位，对应聘者的要求还比较苛刻：要年轻一点、漂亮一点的女孩，最好还要优雅一点，素质高一点。可是，集这些条件于一身的，又有几个甘愿做前台？

结果，一年中前台如走马灯一样换了五六个。后来，业务部的刘姓女孩主动找罗先生，要求转岗去前台。小刘进公司不到三个月，业绩与积极性都差强人意，罗先生正拿她头疼，见她主动要求转岗，一举两得，当然乐于达成。

　　小刘在前台的工作岗位上从开始做到现在，有三年多了。她很享受这份工作，每天开开心心，优哉游哉。经常在周末或假期长途旅游，在微博、QQ上晒自己的幸福生活。其实，公司给她的2000多元薪水，根本支撑不起她的消费，但她觉得很满意。因为她对薪水、发展什么的都不敏感。她是独生女，家里有好几套房出租。她没有多大的理想，只是想找份既轻松又稳定的工作，最好是朝九晚五，不要加班。也就是说，她需要的只是工作本身。而在公司做前台工作，正好符合她这个最大的"企图"。


　　从这个案例可以看出，公司当初在招聘时未能注意到员工的"企图心"，让不该做前台的做前台——结果做不长久，让不该做业务员的小刘做了业务员——结果业绩不佳。经过这件事后，罗先生认识到了这个问题。

　　最后需要指出两个问题。一是仅仅满足员工最大的企图心，并不能保证员工就一定能够积极工作。就像我们前面案例里首重亲情的迷茫女孩，若只有亲情她怎么会感觉幸福？

　　因此，在尽量满足员工首重的企图心之外，其他企图心也需要兼顾。首重的企图心是推进器，和其他四个企图心组成支撑员工稳定性的五个支柱。只有满足包括首重企图心在内的三个企图心，员工的心才会稳定，工作积极性合格。满足四个，员工忠心耿耿，工作积极性高。满足五个，10级地震也震不走他们，工作积极性爆表。

　　二是"边际效应递减"问题。用经济学的语言来解释这个概念比较晦涩，我们不如打个比方：你在非常口渴时，很想喝一杯水（企图心强烈），喝了一杯后，对第二杯的渴望降低，喝了第二杯后，对第三杯的渴望更低……直至完全没有渴望。你对水的渴望随着水的增加而降低，这个过程就是边际效用递减。

因此，在激励员工时，你既要注意确保激励效果，又要注意不要一次性让员工"喝饱了"，薪水有节奏地提高，晋升有步骤地展开，将边际效用递减的周期加长。

同时，要注意其企图心的变化，及时调整激励措施。例如，对首重薪水的员工，在工资比较可观时，他可能更希望有成就感了，那么增加工资的激励还不如授予他一些荣誉性质的头衔大。

## 用授权激发潜力

所谓授权，就是将权力与责任授予下级，使下级在一定的监督下有相当的行为自主权。

身为管理人，千万不要事必躬亲，要学会通过授权将任务分解与分配出去。一个著名的管理学家曾经这么说：经理要想逼死自己，最有效的方法就是把所有的事都自己扛。这种"包打包唱"的管理作风，不仅助长了员工的懒惰之风，还打击了员工的工作积极性。

打个比方，某公司的投诉部门有 5 个客服，部门经理若是事事想接手，其他客服很快就会养成"靠、等、躲"的恶习。此外，在"包打包唱式"管理之下，团队成员得不到足够的锻炼，不利于其能力的提升。久而久之，人才要么变成机械麻木的庸才，要么辞职另寻有发展的高枝。

这种类型的管理者，可谓害人又害己，可悲亦可怜！

美的集团的老总何享健先生，经营着一个上千亿的公司，每天八小时工作绰绰有余（他经常偷闲去打高尔夫）。因此每天一下班就回家，一回家就不出门。他每周总要去打三四场高尔夫，在外从来不用带手机。有记者问他秘诀何在，他的回答是"授权"。

身为管理者，唯有舍得并且善于授权，你才能和下属（以及公司）各得其利，营造多赢的局面。具体来说，授权至少有如下好处：

首先，你将有更充裕的时间去做一个管理者应该做的事。管理者应该专注于团队重大问题的决策和全局性的指挥，如果什么事情都管，必然没有充足的时间去考虑事关全局的大事，也不可能有时间去学习新的技能。

其次，授权是培养下属的捷径。下属的成长需要工作的磨砺。在工作中每克服一个困难，翻越一座山峰，对于下属来说都是一个进步。即便是失败了，也是一种经验上的积累。

再次，授权可以提高团队工作效率。授权减少了某些烦琐的请示和批复环节，加快了事务处理的速度。尤其是对于一线的市场人员或客服，他们经常面对各种突发状况，用授权来保证工作高效率就显得更加重要。

最后，授权提升下属的信心和士气。当下属领命而去，他能感知到你对他的信任。这种来自上级的信任让他自信心增强、士气高昂，工作也随之变得更加主动。而当他完成任务之后，那种充实的成就感更是让他乐在其中。

美国管理协会前任会长罗伦斯·阿普里曾这样定义"管理"："管理就是通过他人将事情办妥。"作为经理，应专注于"少数重要的事情"，将"多数琐碎的事情"授权出去。而他们之所以没有利用好授权，归纳起来有如下几个原因。

### 1. 未进入角色

对于不少刚从基层升为经理或主管的人来说，往往难以迅速进入"管理者"角色。在"惯性"的支配下，他会或多或少地继续做一些在基层的事务。如果只是先前一些手头的工作需要收尾倒是情有可原，怕就怕人在经理室却长时间仍延续过去的工作内容。结果导致一个人身兼双职（经理与员工），累死累活不说，什么也没有做好。

作为经理，你只需要将以下几点做好就行：

部门的年度(季度、月度)目标的制定与分配；员工薪酬调整方案、制度改革方案；需要开会讨论才能决定的事务；涉及公司机密或敏感问题的事务；员工日常管理、考核、培训；员工的招聘与辞退（若公司有人力资源部，招聘由人力资源部初试，部门经理面试，再经上级复试；辞退可由经理提出，再通过人力资源部约谈并办理手续）。

至于其他事务性的工作，都可以授权员工去做。等驾轻就熟之后，即使他每天准时下班，桌上也看不到堆积如山的各式文件档案。

### 2. 担心下属做得不够好

很多部门经理是因为业务精湛而晋升，往往能够高效率、高质量地完成各种工作。而如果分派给员工去做，他们很可能做得没有那么快，质量也不见得有经理做得那么精细。这时，经理应该这么想：若不给员工历练的机会，他又怎么能提升自我呢？就像孩子学走路，你总是舍不得放手，他又如何能学会走路、奔跑、跳跃？

### 3. 担心下属做得太好

如果他完成得太好，会不会功高盖主，并最终会威胁到我的位置？这样的担心实属多余。一个部门经理，就好比一支球队的教练，队员在球场个个生龙活虎、业务精湛，才是优秀教练、卓越管理者。下属做得好，上司大功劳。什么功劳？带兵有方！事实上，职场之上极为鲜见下属凭借超强能力取代上司的案例，反而多见的是上司因为"领导有方"而升职、下属中的佼佼者接任的案例。你每培养一个优秀员工，就是给自己的晋升增加一个筹码。

## 有效授权的几个原则

有效授权需要遵循如下几个原则：

### 1. 能力匹配

授权是给员工学习与成长的阶梯，因此给予具有挑战性的任务并无不可。但这个阶梯如果太高，撞得鼻青脸肿的员工怎么会领情？

### 2. 目标明确

唯有目标明确，被授权者才如同一艘有了航向的船不会在大海上打转。一般来说，被授权员工都会用自己的方式去完成任务。如果你希望他们运用特定的方法来完成工作，一开始就要让员工知道。

### 3. 设定时限

每个人对时间都有不同的解读。如果你希望交付的任务在某个时间内完成，就要让员工清楚了解而不是"尽快"这类的模糊语言。对一些不是很紧急的事情，我曾经就对员工说过"有时间再做"。经过观察，凡是这么吩咐的，员工从来就没有去做过。"月底之前交给我""三天之内做好"——只有这样清晰的期限，才能让员工将事情真正放在心上。

### 4. 权力匹配

我们前面说了，授权要授给有能力去做的人。但光有能力匹配还不够，还得有与之匹配的权力。不能说给你一个师的兵力去打仗，对阵中凡事都要向我先汇报，待我同意了再行动。这样的仗多半是败仗。把目标与底线告诉他，然后让他放手去干。

### 5. 授人不疑

通用前 CEO 杰克·韦尔奇有一句经典名言："管得少就是管得好。"既然授权了，管理者就不要轻易插手。授权之后再干涉，会让下属觉得无所适从，只好静坐观望。管理者反过来又认为下属无主动性，要推动，因而愈加有干涉的理由。下属越发感到寸步难行，由此形成恶性循环……

有句话叫"用人不疑、疑人不用"，授权也应该这样：授权了就不要"欲授还收"。否则，授权成了假授权，那还授什么权？不如你自己去做好了。

### 6. 合理检查

管理者在授权以前应充分评估风险、损失。可是有的领导拿授权作为推卸责任的"挡箭牌",错误地认为,授权之后,事务由下属员工全权负责,他就可以高枕无忧。他们忘记了"士卒犯罪,过及主帅",忘记了自己还有领导责任,下属员工完不成任务,上级也要承担"用人不当"的责任。

所以,可以先授予下属员工一些风险小的权力,随后逐渐加大风险和权力范围,直至下属员工能完全独当一面为止。

一般可以通过下属员工的业绩、进度报告或与下属员工研究计划的方式进行监督指导,即"信任是好的,控制更好"。

交付任务之后,还要定期和员工开会,来观察进度及提供必要的协助。观察进度是用来避免到期前两天,才发现进度落后的窘境,同时也可以作为员工是否需要协助的指标。

有些员工不太敢提出疑问,所以开会讨论该项授权任务,可以让员工有机会提出问题。至于会议的次数,则依不同任务而有所不同;不同员工所需要的次数也不一样。新授权的员工与经验丰富、值得信赖的员工相比,所需的会议次数就会比较多。

所以,授权必须进行有效的指导与控制。一定程度的控制才使之不敢有所逾越。

## 给员工适度的个性空间

微软的一条很重要的用人原则是:"人的最高需求是自我实现,也就是自我管理。"

有人说,世界上唯一不变的就是变化,变化才是这个时代的永恒主题。变化无处不在，竞争随处可见。即使我们今天享有盛誉，无所不能，我们也无法保证明天能够继续获得成功，继续享受盛名。竞争者随时会在我们的身边出现，我们今天的位置随时都可能被取代。

我们需要做和所能做的就是积极应对变化，随时做好应对变化的心理准备，不断适应新的环境，不断地激励与发展自我，不断更新和改善我们的工作习惯和工作技能，使我们的脚步跟上变化的节奏，持续保持战斗力和生命力。

今天的工商业竞争异常激烈，商务培训已不再是一项奢侈的开支，而是一种必需，日新月异的现代社会发展要求人们的工作习惯和方法也随之发展。

在西方国家，人们在观念上已不把培训当作一种成本，而是作为一种投资、一种福利、一种激励方法写在公司经营计划里。用培训凝聚人心、鼓舞士气，激励员工不断保持高涨的工作热情，情绪饱满地工作。

员工在公司里所得到的东西也绝非高额的薪水、优厚的待遇那么简单，与高额的薪水相比，能够获得丰富的技能培训，不断增长见识，提高技能水平也是衡量知识型员工满意度的重要方面。

如果看不到发展的前景和进步的希望，员工就会因得不到有效的激励而没有工作的激情，因没有超越的愉悦而懈怠，而思变，长此以往，人员流失将是一个令公司头疼的难题。试想，让一个持有博士学位证书的人在银行做数钱的出纳工作，却从不增加工作的内容，不给予培训和提拔的机会，纵使月薪数万，他能够坚持多久？他敢坦然面对吗？他敢保证明天自己还待在这个位子上？

为此，许多跨国公司不惜重金建立了自己的培训基地，有的公司甚至建立了专门用于员工培训的学校，使得公司不仅仅是一个工作的场所，也是一个获取知识的课堂，员工在公司不仅仅为了付出而感到快乐，更会因为获得更多地付出，而为公司贡献才智。

所以培训作为一种激励手段对员工保持持久的工作热情和工作能力是非常必要的。

但是，公司毕竟资源有限，整天忙于生产经营，能够用于培训员工的人员、时间和精力都非常有限，大部分公司所能够组织的只是一些领导或重点员工的培训，甚至有些公司不具备培训的能力，无法组织有效的培训。

马斯洛的需求理论告诉我们，人的最高需求是自我实现，也就是自我的管理。要想达到完全意义上的自我实现，离不开员工自己每日的自省与自励，只有持续地坚持学习，坚持每日进步，每日修炼，才能不断超越自我，在迈向成功的终极路途上受到机遇的垂青并抓住机遇，达到最终的自我实现。

## 适时扩大下属的职责

每个人都喜欢有责任性的工作，在一项座谈会中，大部分人都有如此的想法："让我从事责任更大的事吧！"或者说："责任感越重之事做起来越有价值。"

为什么他们想负这么多的责任？最大原因在于越有重责则表示此人越有能力。不过给了某人责任之后，相对地也要赋予相当的权限，在此权限内，可以依照自己的方法做事。低层员工或从事单纯、辅助性工作的人员，即使能圆满完成任务，总不觉得负有什么责任，这是因为他们不能依自己想法做事之故。

每个人都有强烈的欲望，希望别人看重他，故想多负担一些责任。因为负担了责任，自己就有责任感，换句话说，给了某人责任与权限，他就可以在此权限范围内有自主性，以自己的个性从事新观念的工作，因此他就拥有了可以自己处事的满足感与成就感。

### 1. 不要做个啰唆的领导

领导若过于啰唆，无论大小细节都要说明、吩咐，只是徒增员工的烦腻，同时员工也会觉得自己根本无须负责，于是欠缺责任感，工作意念也随之降低。在啰唆的领导吩咐下的员工，其责任感较公司给予概括的指示，然后一切细节由员工自行负责者来得低，这可以由下面例子得到全盘的认识。

某公司里一位 A 股长调职，继任者是 B 股长。不到一年的时间，该部门生产量增加了 16%，在此我们研究了 A、B 股长的作风。A 股长一天到晚楼梯爬上、爬下，不厌其烦地指示员工；但 B 股长作风就迥然不同了，任何事都仅指示大纲，一切细节则由员工自行负责，他也不限制员工的自由，完全尊重他们，员工因为依照自己的想法做事，越做兴趣越浓，也希望将该事做到完美的境界，因此责任感很强。因二人作风不同，工作成效也大不相同。

照这个例子看来,不仅要让员工负责任,而且要赋予相当的权限。所谓权限即是可依照自己意志做事, 如此才能提高工作效率。

## 2. 权责必须平衡

责任与权限必须均衡。我们所说赋予员工权限即让他们在自己意志下工作的范围。很多领导对属下只强调责任,而极少赋予权限,只是一次次地指示他们,以致员工根本毫无机会依照自己的想法去做, 在此状态下, 无论你如何强调责任都无法收到预期的效果。

在许多公司、机关中,责任与权限无法合二为一。权限都集中于上级手中,员工仅负责任而已。须知无论何事,一旦欠缺权限则无法产生责任,因此责任与权限必须始终一致。

赋予某人责任即让对方负责之意,这点每个人都必须明了,也因此工作范围须划分清楚, 这样, 个人所负担的责任即为分担工作范围内的责任。

说了这么多,责任到底是什么呢? 员工有完成工作的义务,假若无法完成或工作成果不好时, 就非要负责任不可了。这所谓的责任并非要你提出辞呈, 或者要你等待受罚,而是你仍须将失败处弥补至完美为止, 使其影响降至最低限度,而且要追究失败的原因,决不再犯。

你的员工做错了事,你自己也不能免除责任。故当自己的属下失误时,在处罚员工之前必须自己先反省一番,看看自己的做法是否不当,导致失败的原因何在,并且要改善缺失,这才是领导人员的职责所在。

在与年轻人的交谈中, 大家都认为: "在任何一件事上, 领导若信任我们，可放手让我们单独去做，我必定会更加卖力。"

说这些话的人进入公司服务一年多，逐渐地学会每一件事，新鲜感再加上丰富的经验，越做越有味道。反之，若经年累月做同样的工作，时间一久他们会觉得枯燥无味、单调无比，原先的工作热忱也渐渐消失了。故领导人员应依照员工们工作熟练程度，由最基本的 D 级工作晋升做 C 级工作，再由 C 级跳到 B 级，如此一级级地赋予较高级的工作，他们做起事来也不至有厌倦感。

安排工作并不只限于纵的方面赋予高级工作，有时也可在横的方面赋予范围更广的工作，道理都是一样的。

一步步学会了更高深、更广泛的工作，即表示积累了相当的经验，思想愈加成熟、充实，做起事来也干劲十足。

# 第五章
## 拆除阻断沟通的墙

　　一位管理专家指出：有一道看不见的墙隐藏在我们四周，给我们造成不少困扰，有时甚至浪费许多金钱。这堵无形的墙并非以砖石或水泥建造，但是与有形的墙一样，甚至更不容易拆除。

　　管理专家所说的是一堵切断沟通的无形墙，使张三没办法了解李四讲的话，使甲部门与乙部门无法协调作业，使企业内互相猜忌，谣言满天飞……除非你有办法拆掉它。否则，不论你有多先进的生产工具，还是会发生错误或延误战机，以致使你的团队或企业遭受重大损失。也许，我们看不见这堵墙，但是可以学习去察觉它的存在，从而有效地把它拆除。

## 别让办公室紧闭

如果你注意一下就会发现，傲慢型管理者办公室的门从来都是紧闭的，就好像他们的脸一样总是紧绷着。原因在于，他们从来不征求下属的意见。

使一个人感到自己很重要并能使你赢得支配他的无限能力的最为快捷的方法，就是征求他的意见。所有需要你做的，只是说一句："对这个问题你有什么看法？"你这样做甚至能使门卫回家向他的太太吹嘘，说连公司的经理都向他征求解决问题的办法了。

不过，这里有一点需要加以留意：当你向某人征求意见的时候，你要认真而有礼貌地倾听人家的回答，不管对方的话在你听来会感到有多么的离谱，你都得耐心地听，一直要把人家的话听到底，不管其观点是否与你的看法一致，都不能有任何表示怀疑的态度，甚至你明知道他的建议毫无用处也不能说出来。否则，你就会挫伤他的自尊，就会降低他的自我价值，导致与你的初衷背道而驰。当他讲完话以后，你要由衷地表示感谢，你要告诉他，你会想尽一切办法按照他的建议去做。你会发现，你这种肯于听取意见的做法，会促使员工动脑子思考更好的工作方法，这样做对你是很有好处、很有益的。听取别人意见颇像淘金，你看到的沙子要比金子多得多，但当你发现一块金子的时候，你会狂喜得情不自禁。

身为管理者切记不要闭关自守，否则很有可能被下属视为傲慢，且很容易使企业裹足不前。要和下属之间架起一道沟通的桥梁，互相理解和尊重。然而要做到这一点，上司就一定要放下架子，切忌下了班之后在下属面前仍傲慢严肃，不苟言笑。

放下架子，管理者才能在下属中间如鱼得水，毫不拘束；下属也才能畅所欲言，向上级提出建议，一起改进工作。

## 密切关注员工的声音

当下属员工想告诉你一些事情的时候，你是否马上停止正在谈的话题？

你理应如此。因为假如你继续谈话，便听不见别人要讲些什么。假如你只是嘴巴暂停，心里仍记挂着自己想要讲的话，并且随时准备一有机会便要立刻继续自己的谈话，那么，你也不可能真正注意收听别人所讲的话。

你是否集中精神，注意听对方所讲的话，并且注视他们的眼睛，却不是打算对他们施加催眠？

听话的时候绝对要集中精神。这当然不容易做到，因为听人说话也是一种技术，要靠不断地练习才能做好。有时候，我们对谈话内容并不感兴趣，但出于礼貌，我们仍要注意听。

在听别人谈话的时候，你是否让他们有机会把内容完整地表达出来，而不会中途被打断呢？

除非让对方把自己的意思完整地表达出来，否则你很难明白他们想告诉你什么。乔治·马歇尔将军曾说过，一个好的听者应是：

听对方讲的内容；听对方想要讲的全部内容；首先听对方要讲的全部内容。

在别人谈话的时候，你是否能克制自己，不在中途插入自己的看法或意见？

这是第一个接收方面的障碍，也是我们最常见的坏毛病。你要是想注意地听，就不要插入自己的意见，或是想帮对方把话讲完。

别人是否觉得你对他们的话很感兴趣，因此能讲得更多、更好呢？

你应该对别人所讲的话表示兴趣，借以鼓励他们讲得更多、更好。因为每个人都需要听众来引发自己的某些观念，并使整个谈话热烈起来。

在开会的时候，你是否都等发言人讲完之后，才开始问问题？

在开会的时候打断别人的发言，也是我们亟须改正的坏习惯。最好把别人的话听完，等到讨论时间再把自己的问题提出来。

最后，在别人讲话的时候，若是他提及一些很不错的观点，你会面露笑容表示赞许吗？或是当他讲完一个有趣的故事时，你会发出笑声表示共鸣吗？

别人若提及一些很不错的观点，你应面露笑容，表示赞许。因为这对讲者是个很好的鼓励，他一定会感激不已。同样，当别人讲完一个有趣（或你觉得并不十分有趣）的故事，若能发出笑声表示共鸣，对方也一定会因此觉得你是个最好的听众！

我们应该于聆听当中学习。我们可以由聆听别人的谈话中学到许多有关人的知识。要做一个好听众，你会处处受到欢迎，好听众需要养成好的聆听习惯。如此，你不但会成为更好的交谈对象，也会成为更好的谈话者。

第二个接收方面的障碍，是我们常常只听到自己想听的话，这情形通常与我们过去的经验和背景有关。许多人所"听到"的其实是自己的心灵告诉人们别人讲了些什么，而不是实际上自己"听到"别人讲了些什么。

这种情形在我们对讲者早有了先入为主的观念时最常发生。举例来说，某些管理者与某位学历不高，而且向来表现又不十分出色的员工交谈，假如这个员工忽然提出一个很不错的意见，管理者很可能会"没有听见"，因为他根本没有料到这个员工会想出什么好主意来。

有个类似的情况是：在交谈的时候，我们通常只接受我们相信的事，心理学家称此为"认知的分歧"。据他们的研究显示，许多接听者对信息的反应可因他们对信息相信的程度而呈现极大的不同。

这表示：当我们传播信息的时候，一定要考虑到接听者对此信息的感觉，当然，接听者的感觉又通常与信息的来源有关。举例来说，假如一群员工对管理者的信任不够，则他们会对所有来自管理者的信息表示保留的态度，这可由他们的回馈方式察觉出来。

第三个与此有关的障碍是成见。假如接听者对传送信息的人有了成见，他们的潜意识会不知不觉地拒绝这个信息，这在政治场合可以说是屡见不鲜的。例如，某政党的候选人提出强而有力的政治主张，即马上遭到反对党的反对。这就是因为彼此政治立场与信念不同，因而不能互信的缘故。

与此相反的是"英雄崇拜"的效果。假如你崇拜某人，通常便会接受他的所有意见与看法。虽然，那些意见与看法其实并不怎么出色。

第四个接收方面的障碍，是接收者的态度。假如接听者与管理者的关系良好，对自己又有信心，便比较会去了解并接受管理者的话；但假如他们对管理者相当畏惧，对自己又没有信心，便比较不愿去力求了解或接受管理者的信息，由于他们害怕表示不懂会显出自己的愚昧，结果便真的造成因不了解而难以与管理者沟通的后果。

## 倾听的力量与技巧

亚里山德拉说："善倾听者善交人，不善听者赶跑人。"

有效的倾听应是积极而非消极的。在消极的倾听中，你就像一台录音机，你仅仅记下了信息。相比之下，积极的倾听要求你深入谈话者的思想，从而可以从对方的角度来理解。作为一名积极的倾听者，你试图理解说话人想表达的而不是你想理解的意思，同时，你也显示出接收到了对方的信息。倾听要客观，而不要妄加评论。最后，积极的倾听者要负责结束谈话。总之，为了充分理解说话人的意思，你应该尽力而为。

下面的九种行为与有效的积极倾听技巧有关。如果你想提高你的倾听技巧，应该以这些行为作为指南。

### 1. 保持眼神接触

你在说话时，如果对方没有看你，这时你感觉怎样？像大多数人一样，你会以为对方态度冷淡或没有兴趣。

**2. 点头表示赞成，有适当的面部表情**

有效的倾听者要对对方的发言表示兴趣，做法是通过非语言的信号。表示赞成的时候点点头，适度的面部表情再加上适当的眼神接触，就可以告诉说话人你正在倾听。

**3. 避免干扰性的动作或姿势**

表示兴趣的另一个方面是不要有暗示你的心思在别处的动作。倾听的时候不要看手表、翻纸或有类似的动作，这些动作会让说话人感到你不耐烦或没有兴趣，表明你并没有全神贯注。

**4. 提问**

有判断力的倾听者会分析听到的东西，然后提问题，这种做法可以澄清有关信息，增进理解，并使说话人确信你在倾听。

**5. 重新解释**

用你自己的话重述说话人的话。积极的倾听者会这样说"我听到你说……""你是否认为……"通过用自己的话重新阐述对方的意思并反馈给说话人，才可以确保你的理解是正确的。

**6. 避免打断说话人**

在你想说话前，先让讲话人说完他的想法。不要试图猜测说话人的意思，等讲话人说完后，你自然就知道了。

**7. 不要说得太多**

尽管发言更有乐趣，保持沉默可能让人不快，但你不能同时说和听。积极的倾听者认识到这一点，不会过多地发言。

## 8. 在说话者和倾听者两个角色之间自如转换

在大多数情况下，你不断地在这两个角色之间变来变去。积极的倾听者能够在两者之间自如地转换。从倾听的角度来说，这意味着要集中注意力听说话人的发言，而不要考虑你一旦有机会就要说什么。

## 9. 避免那些令人不快的习惯和小动作

不良的习惯和小动作对听者形象是一种损害。这些情形的具体表现有：

第一，下意识地扯衣服。

第二，咬指甲。

第三，玩钥匙或硬币。

第四，剔牙齿。

第五，用手敲打桌子。

第六，搔头摸鼻子。

第七，心不在焉地乱写乱画。

第八，手舞足蹈地弄出响声。

第九，不自觉地嗑咬东西。

第十，边说话边撕抛纸片。

# 做好一对一交流

一对一的交流，可以检验下属的工作成绩是好是坏，同时也可以发现他有什么困扰和高兴的事，有时候还可以发现很多出乎意料的东西。个别谈话，再加上到现场视察，可以让你深入了解团体的情况。

但是有两项重要因素你不能忽略，第一是选择最适当的时间，第二是在个别谈话中你到底想谈些什么。

### 1.选择最适当的时间

很多机构经理人按时和所有员工进行个别谈话，通常是一年一次。定期做个别谈话是不错的，你和你做个别谈话的人都知道个别谈话的时候到了，就可以预先做准备。对那些平日沉默寡言的管理者或追随者而言，定期做个别谈话可以保证双方有机会说话。不过，定期做个别谈话虽好，但还不够。

除了下属员工要求和你做个别谈话以外，在下列的时机中你应该找他做个别谈话：

第一，工作不尽力。

第二，你想就某件事听取意见时。

第三，你认为可以协助他时。

第四，想检讨过去行动或计划作为经验时。

第五，你想对未来行动提出建议时。

第六，确定有某种问题发生时。

第七，其他任何你认为有沟通必要时。

### 2.应该问哪些问题

有些管理者认为，个别谈话是一件轻而易举的事，用不着什么筹划。这是一种非常错误的想法。你应该将个别谈话的目的、将要讨论的项目预先明白地罗列出来。

当然，你也得准备坦诚地回答对方所提的任何问题，此外，你本身也不要怕提问题。

前纽约市长柯奇每到一个地方都会问别人："我干得怎么样？"他并不是每次都得到肯定的答复，但每个答复对他来说都是可贵的资料，使他能明了他和他的下属员工在治理纽约市的政务时，有哪些是对的，哪些是错的。

建议管理者在做一对一的谈话时，应问下列的这些问题：

①你对团体哪些方面最感到满意？

②你对周围环境中的哪些方面最感到厌烦？

③你对团体有什么改进意见？

④你觉得团体中现有的哪些政策、策略、分支机构、制度或类似的事物应该废除？要采取何种计划步骤：立刻废除，明年废除，还是五年中逐渐废除？等等。

⑤依你的判断，在这个团体里谁最具创造才能、最乐于助人和最肯合作？

⑥你在这个团体工作，个人有什么目标？

⑦下一步你喜欢在何处做何种工作？

⑧你自认为自己最大的缺点是什么？

⑨目前你是否正在实施改进自己的计划？

⑩你认为自己下一步是否有晋升的机会？在什么时间以内？

⑪我的领导方式和决定，有哪些使你最不满意？

⑫ 最浪费你时间的是哪三件事？

⑬ 你为团体定下了哪些目标？

⑭ 请评估过去 6 个月中整个团体、你所属部门或你所领导单位的绩效。请指出最高和最低绩效期间。

请注意，以上所列出的问题有些也许对你的团体适用，有些不适用，所以在应用时应考虑到你团体的特性。

有一位成功的管理者，他每次接管一个团体时，都会用个别谈话方式。他会问每个下属员工："你的工作情形怎样？有什么困难？我如何能帮助你？我用什么办法可以使你的工作轻松些？"

一对一谈话使你和下属员工有机会畅所欲言，不必顾忌，而且不会毫无意义。只要你的个别谈话运用得正确，你就可以发掘出员工内心深处许多你以前所不知道的东西。《圣经》上有句话说："祈求，你就会得到。"在进行个别谈话时，这句话是很好的建议。

你的员工能告诉你一些他的烦恼，所以，你也可以借此机会平息一些传闻和谣言。这是你和员工协商工作方式、共同制定工作目标的大好机会。你可以利用这个领导方法，用良好的个别谈话训练你的工作小组。

### 3. 说服的技巧

如果你的员工对你的主动沟通有所疑虑，因而毫无反应，这时，你就必须说服他，使他打消疑虑。毕竟领导和员工之间的坚冰并不是那么容易融化的。

说服是人与人沟通之中一种相当不可思议的工具，如果你希望能和员工相处融洽，并让他们为你效命尽忠，你除了要了解如何下达命令，陈述传达你的理念、目标和计划之外，还应该学会如何说服他人的基本策略和一些实用的技巧。

懂得如何说服员工，可以使彼此互相了解、亲近，也可以使彼此合作、互助，凝聚出风雨同舟、众志成城的巨大力量，你如果好好加以运用的话，一定会借此得到更亲密无间的团队伙伴关系。

以下是四个可供你运用的说服策略。

（1）投其所好

引出对方的兴趣是成功说服的第一个步骤。"真心诚意对对方和他们所讨论的主题有兴趣的人，才有资格称作优秀的领袖。"比尔·伯恩在其著作《富贵成习》一书中指出了上述的见解。

你必须在谈话之前通过调查来掌握对方的兴趣所在。每个人都有自己的兴趣、嗜好，若你起头的重点和对方的趣味相合，你们一定会越谈越没有距离，一拍即合。因为你的目的是要说服别人，那么用对方最感兴趣的措辞来提出自己的构想、建议，就比较有机会达到目的。

要成为有技巧的沟通者，还要做一件事：运用你的肢体语言，让对方知道你对他和他所表达的事物兴趣十足。譬如点头、向前倾身、面带微笑……都是很不错的方法。

（2）动之以情

情绪左右人类的行为。在一本名为《如何驱动人们为你效命》的书中，作者罗勃·康克林说得好：如果你希望某人为你做某些事，你就必须用感情，而不是智慧。启动智慧可以刺激一个人的思想，而谈感情却能刺激他的行为。如果你想发挥他的说服力，就必须好好处理一个人的感情问题。康克林提出了"动之以情"的方法，他说："要温和、要有耐心、要有说服力、要有体贴的心。意思就是说，你必须设身处地为人着想，揣测别人的感觉。"

请铭记在心：不要老是想到我的见解或观点有那么多可取之处，要先设身处地想一想，如果别人要说服你时，你重视人家要给你什么感觉；如果你知道要什么，你就知道如何着手对别人动之以情了。

（3）搔到痒处

说服别人并不是只是了解别人的感情而已，你对他的"了解"还无法改变他的观念，调整他的态度，而赢得他的合作和支持，你须更进一步地搔到他的痒处。当你开始陈述，说明你的意见、想法时，就应该抓住与对方切身有关的事物。你要说动他，直接以他关心的"利益"和他沟通，你要真正了解他需要什么，他如果有困扰的事情，也要让他知道你将确有诚意帮他解决问题。

说服别人应该是帮助他们得其所欲。你的说服策略要摆在如何发掘、刺激并引爆他渴望追求的事物，至于如何探知对方的欲望，进而刺激其欲望呢？"询问"是最简单的方法。当你了解他关心的事物之后，再想办法满足他。

（4）要有实证

你可以在说服时运用一些视觉器材，如投影机、幻灯片、影片、挂图、模型、样品等道具来强化你的内容。但是，比较高明的管理者都擅长用官方的统计资料、专家的研究报告、实例等"具体的证据"来证实所言不虚。

一个证据胜过千言万语。别人之所以不受你的影响，缺乏"证据"是较常见到的，也是主要的原因之一。在说服别人之前，不妨先准备好各种适当的证据，在陈述解说过程里，让证据替你说话，必会收到事半功倍的沟通效果。

只有说服员工，员工才能完全抛开负担，和你轻松地对话、沟通，否则，你和员工之间始终存在隔膜，你们的沟通是不完全的。

## 沟通更在语言外

其实沟通并没有一个固定的模式或方法，非语言的沟通更是带有一种随意性与灵活性。但是它的作用却不可小瞧，在这方面用心，沟通效果自会不同。

作为管理者，在给其下属员工下达指令或对其工作表示不满意时，首先必须考虑这位员工给他的印象。他所使用的语言以及语调会因主体事件及其对下属员工所持的印象而有不同的感情色彩。你所要掌握的策略是如何处理你对下属员工的印象，做到如果你在并不喜欢他们、不信任他们，或者十分器重他们等情况下，你对某一特定事件所说的话不会过头。有些人几乎相信所有人，也有一些人则几乎不信任任何人，而你必须长时间获取他们所有人的信任。你是属于哪种类型的人呢？

### 1. 语气比说话内容更重要

有时候，说话的语调比要说的话本身显得更值得信赖，因为说话的语调中往往反映出你对某事或某人的真正态度。

现在，人们所说的语调式沟通是通过说话者声音的高低、快慢以及声音所表达的情感来实现的。这样，一方面能够大大增加沟通的有效性，另一方面也可能会为沟通制造障碍。说话的语调如果有助于表达说话者的意愿那当然很好，但是，它也能使听者迷惑，使所要表达的信息变得模糊。比如说，如果有人说他很乐意留下来工作到很晚，但他说话的声音很低，而且语调也控制得很低，那么他这话的意思应该是他对留下来工作到很晚是不乐意的，那么，这时听者可能就较难判别是该相信说话的内容，还是该相信说话的语气。

在非语言的沟通中，一个人通过暗示来与另一个人沟通，也同样会出现上述问题。身体语言，包括姿势以及手势等都是非语言沟通的形式，有时候轻轻地接触比说许多话语更富意味。同样，这些暗示是增强还是削弱，表达的效果完全取决于信息的发出者使用这些暗示的方式和信息的接受者如何诠释这些暗示。

尽管很多沟通方式是普遍可行的，比如不同文化背景和不同阶层的人都把微笑视作友好，把大吼视作拒绝，我们的父母还教给我们许多沟通方式，但是当信息的发出者和接受者来自不同的文化背景时，就会导致沟通中的误解。

## 2. 距离更要适当

在非语言沟通中，要把握好的第一个尺度就是空间距离。对于不同国家的人而言，空间距离有着不同的意义。有趣的是，当你向地球北端行进时，你会发现人与人之间的空间距离越来越大；而越往南走，人与人之间的距离则越近。英国人与人交谈时希望保持一定的距离，而阿拉伯人在与人交谈时你几乎可感觉到他的鼻息，日本人在大笑时总是要捂住嘴，以免口气触及对方。

直视也被认为是一种空间的侵入。当你在比较拥挤的空间里，如电梯或公共汽车里时，你是不能盯着一个站得或坐得离你很近且带着防备意识的人的。当你在大街上靠近一个陌生人时，你会尽量把眼光从他身上移开，因为盯着一位异性看得太久会被别人视作粗鲁和非礼的行为。如果在拥挤的地方你不小心碰了别人，你通常会说"对不起"以示歉意。

在许多欧洲国家，男人可以肩并肩走在大街上，女人也可以相互挽着手，而这绝对不会被视作是同性恋。在有些国家，男人通过接吻的方式来表达友情。在美国，来自欧洲的一些男性移民总是自由地彼此拥抱，而当他们在美国待一阵后就会发觉，彼此间较远距离的握手才是更容易被接受的。

管理者了解员工的文化背景是十分重要的，在任何可能的情况下，尽量要从这一文化背景出发，在沟通时才能使对方倍感亲切。同样，在安排员工与新的对象工作时，让他们熟知文化背景上的差异，如空间距离、情感喜好等也是十分重要的。比如，把一名南方员工安排同一群北方员工一起工作，这样也可能会导致不愉快。但是，这并非要求你把员工按其文化背景分开，因为他们应当有机会与不同文化背景的人共同工作，这在以后的跨公司、跨国际工作中是十分有益的。

考虑到文化背景的不同而区别对待固然十分重要，在沟通中考虑到个人的不同，灵活应变则更为重要。在沟通中不要太急于入题，在此之前应让他选择适合的界限，以保持轻松自如。注意，在与任何人的交往中都有一个距离问题的存在，而本人对空间距离的选择同样也蕴含着一定信息。

你如果是站在桌子后与别人说话，所传达的信息与你站在他旁边时是不一样的。在交谈中你移动的椅子的位置，则表明了你对谈话的正式性或非正式性所做的选择。在餐厅里，坐在好朋友的旁边总是比坐在他对面要感到轻松自然。你可能用下面的方法来检测此规律：下一次去餐厅时，把你自己的东西，如烟盒、眼镜等放到你邻座的桌面上，你的邻座肯定会把它们推回到你的桌面或者把它们挪到椅子上，因为你侵入了他的私人空间。

请注意，在与你的单位中各种人打交道时，务必把握好你自己适合的空间距离。你在沟通中是否与他人保持的距离过大？你办公室的陈设方式是否注意到了空间距离问题？总之，你要十分注意这一点。

有些人习惯于同别人保持较大的距离。对这种人而言，这种距离是自信和地位的体现。有些管理者认为他能够把脚架到桌上，伸长了身体，双手抱着头部来跟一名下属员工说话；下属员工正在听电话时，管理者不耐烦地打断是很自然的事情。但是，你是否想过那些员工的感受，你一方面拒人于千里之外，另一方面对他们的私人空间却肆意侵犯，你们的沟通首先就是建立在不平等的基础上的，沟通能自然吗？

### 3. 外表形象：注意分寸和场合

外表形象常常非常确切地向人们显示了他是谁，他的自我感觉如何。这主要表现在体态、走姿、衣着、头型及面部妆容上，也就是说，你不用说话，大家已经明白了你的部分意见。

你能被人记住常常是因为良好的第一印象，体态和走姿是外表形象中十分重要的因素。你在行走时是昂首挺胸、充满自信呢，还是怯怯生生、缩头缩脑？你在站立时是腰板挺直呢，还是驼背哈腰？衣着怪异、头发凌乱、长期不剪指甲、口红涂得吓人、领带污迹斑斑、衬衣一角外露等，一切不修边幅或刻意标新立异的行为，都会毫不客气地把你的形象暴露无遗。衣着过于随便是一个人个性的体现，而人们很容易从衣着不整来推断出这人思维也草率的结论。

人们通常意识到一个人的外表形象，而更多的是评价那个人的外表和内心。在人们的头脑中很容易形成一种观念，即什么是可以接受的，而什么又是不可以接受的。并且人们经常自觉或不自觉地把这些归于人们的判断体系中。因此，注意到自己总是要求别人应该是怎么样，对于你形成有关别人的公正评价是极有意义的。因为人们不能因自己的单方面喜好来决定对事对人的态度，所以，这里又涉及不同的文化标准。

外表与时尚通常联系紧密。几十年前，年轻小伙子都羡慕高仓健的板寸头，而现在，很多青年人却留起了长发。作为一名管理者，你应当有一个基本的标准，即什么样的装束和打扮在工作中是允许的，什么样的是绝不能允许的。

当看到那些商学院的学生衣着随便地进入教室时，有些教师心里就直犯嘀咕：这些人能成为我们明天的管理者吗？一个自己从不重视衣着形象的人是无法胜任管理者的职位的。

### 4. 手势与姿态也很重要

我们需要重视的不是手势、姿态本身有多么重大的意义，而是结合到具体的环境中，这些手势和姿态表达了什么样的意义。如果你面带笑容对别人说："我太忙了。"或者跺着脚告诉别人："我不生气。"那么这些语言在信息的传递上都会令人不解，因为体态语言使用不当。

## 用热忱感染下属

激情、着迷或狂热是每一位成功的管理者所具备的特质，这些管理者以巨大的精力向目标进攻，这种人格特质会立刻被群众认出，立刻受到瞩目。爱默生说："历史上，每一个伟大及威风凛凛的运动，都是热情的胜利。"业务经理如此说："天才是激情。充满热情的业务员即使稍嫌过分，但总比毫无热情来得优秀。我情愿为喷泉降温，也不愿企图搅动烂泥。"

成功手册说：热情是有感染力的，你不热情就不能使群体激动起来。其实，管理者并不是必须一直表现出高兴快乐的态度，故意做出的笑容与激情很快会被看穿是假的，没有人愿意追随肤浅、冒充快乐的管理者。其实，伟大的管理者也会生气、会沮丧，不快乐。热忱是一种源自心灵的感觉，你必须建立在真诚的基础上。

在一次演讲中，有一位业务员说他出生于都市，并且一直没有离开过城市生活。但是去年秋天，他却在乡间买下一幢房子。房子才刚建好，因此还没有花园与草坪。于是他决定要在自己的园子里种满牧草。

冬天的时候，他在壁炉里烧胡桃木，并把灰烬撒在土地上，希望这样土壤会比较肥沃。他说："你知道，我一直以为种牧草必须先播下种子，但是其实你用不着这么麻烦。你只要在秋末时撒些山胡桃木灰在地上，第二年春天，自然会长出牧草来的。"

卡内基说："要真是这样的话，你的发现真的要令许多科学家跌破眼镜呢！因为你是把无生命的物质变成了新的生命。这是说不通的。也许牧草种子被风吹到你的园子里，你根本就不知道，或者是那里原来就有过牧草。反正，有一件事是毋庸置疑的，那就是：光靠山胡桃木灰，是绝对长不出牧草来的。"

卡内基很确定自己说这段话的时候是很平静轻松的。但是这位仁兄却兴奋得很，他一面跳脚，一面宣称："卡内基先生，我百分之百确定我自己在说什么。不管怎么样，我做到了。"

于是他滔滔不绝，充满热忱，精神昂扬地继续说下去。最后他终于说完了，卡内基问全班同学："有多少人相信他真的做到了他所说的？"

令人很惊奇的是，全班每个人都举起手来。问他们为什么相信，大家异口同声地说："因为他太有把握了，他自己满怀热忱。"

如果热忱能让一群精明的生意人完全不顾科学的自然法则，那么如果讲得又有道理的话，不是威力更惊人了吗？

热忱有一种特性，那就是它是具有感染力的，并且能令人有反应。

不论在教室里、董事会或竞选活动中，都是一样的，就算是冰上曲棍球比赛，也同样需要热忱。如果你自己对一个想法或计划不够热忱，别人更不可能有热忱。如果公司管理者自己不能全心热忱地相信公司的目标与方向，就不要指望员工或顾客或股市会相信它。想使任何人对一个想法——或是一个计划、一个活动——兴奋起来的最好办法，就是你自己要先兴奋起来，而且要把你的兴奋表现出来。

汤米·德来芬最近在加州一家进口公司——考尔佛电子销售公司找到了一份业务员的工作，按照公司历来的做法，公司会交给德来芬一份很难缠的客户名单，其中有一家公司以前是考尔佛公司的大客户，但是却在多年前停止往来了。

德来芬说："我决定把跟他们做成生意当作是我个人的一项挑战，于是我说服管理者我可以把这家公司扳回来。他本来不太肯定，但是他不想浇我的冷水，于是他允许我去拜访那家客户。"

德来芬既已把赢回客户当作自己的使命，所以他提供了保证价，缩短交货期，并允诺更好的服务。他向那位采购处长表示，考尔佛公司"将会做一切令他们满意的事"。

当德来芬第一次与采购处长面对面谈话时，他的热忱就扮演了重要的角色。他面带微笑地走进会客室，并说道："很高兴能再回来，让我们一起共同合作。"

德来芬从来没有想过他可能无法成交，他完全忽略他的公司已经丢掉了这个客户的事实，他以高昂热忱的态度说服他的客户，考尔佛公司已准备好再为他们服务。

"后来，采购处长告诉我们管理者，他们考虑我们的唯一理由是因为我的热忱，他们的订单后来一年有 50 万美元的金额。"

需要说明的是，喧闹并不等于热忱，拍打桌面、跳上蹦下都不是真的热忱，这是骗不了人的，虚假的热忱带来的伤害远大于好处。

热忱是一种源自内心的感觉，这是一个如此关键性的观念，值得我们再强调一遍，热忱是一种源自内心的感觉。绝不应该与喧闹的亢奋混为一谈。

当然，随着内心真正热忱的感觉，有时候会伴随更多的肢体动作与更强而有力的声音投射。但是有些人过度亢奋，一副"我很棒，你很棒，我们大家都好棒啊！"——可能就是有问题了。

类比设计公司董事长雷·史塔塔说："管理者来自绝对的真诚与信用可靠。你必须能让人信服。你得说到做到，信守承诺，得到别人信任。我认为这些都是开放的沟通的先决条件，刚好跟操纵相反。"

真正的热忱是由两个部分构成的：热切与自信。也就是对某事兴奋并表现出你有能力处理的自信，这就是真的热忱。只要有这两种感觉，不论是针对公司、计划或是一个想法，你的热忱都会具有极大的感染力。你有热忱，别人知道你有热忱，不多久，我可以保证，他们也会有热忱的。

奥运体操金牌得主玛莉露·雷登说："我天生就拥有热忱，我总是很积极，而且我总是与积极的人为伍，这一点对我很重要。"

帮助雷登接受严格训练并取得成功的一部分原因，就是这种积极的看法。"有的时候，教练心情不好，会对我们特别严厉。我会努力使我队里的四五位女孩保持积极。但是只要有一个女孩消极地说：'天啊！我不想做这个动作。'那就把大家都拖下水了。我最恨这种状况。你可以有十个积极愿意努力的人，但是只要有一个消极的人，就能影响全队的心情。所以，我对这种人总是厌而远之。"

商业作家哈维·马凯也同意这一点："应永远与快乐成功的人为伍。我不跟消极的人来往。如果你的朋友、同僚、你尊敬的人都是热忱、自信、稳重的人，你慢慢也会拥有这些特质。"

热忱的威力是不容被低估的。爱默森曾经说过："每一个伟大的时刻，都是热忱凯旋的时候。""没有一桩丰功伟业能缺乏热忱。"这句话在民权运动中证明有效。美国的建立也可以证明这句话的正确性，而今天所有的大公司更可以证明这句话的力量。

热忱的重要性绝不亚于卓越的能力与努力地工作。我们都认识一些聪明但一事无成的人，也认识一些辛勤工作但一事无成的人。只有热爱工作、投入工作且满怀热忱的人才能有所成就。

戴尔·卡内基有一次请教一位友人，问他如何拣选高级干部，他事业的成败要靠这些人的能力。这位友人的回答听起来可能蛮令人惊奇的："这些成功者与失败者，他们的能力与聪明才智其实差异不大。"纽约中央铁路公司总裁费德烈·威廉森说："如果两个人各方面条件都相近，那么，更热忱的那一位一定更快达到成功。一个能力平庸但是很热忱的人，往往会胜过能力杰出却缺乏热忱的人。"

智力测验之所以无法精确，主要原因就在于无法量化人的热忱程度与情绪动力。20 世纪六七时年代前开始有智力测验时，人们把它当作可以预测未来的神奇工具，只要了解个人"智力的商数"，就可以相当精确地预估一个人未来的成就，起码智力测验公司都是这么宣称的。

如果你觉得生命很无聊，那么你身旁的人也会觉得没有意思。如果你对人持敌对与嘲讽的态度，他们也会这样做。如果你什么事都提不起劲，他们当然也永远兴奋不起来。

所以，保持热忱吧！这会带给你身旁的人多么大的影响，他们会绩效更佳，而且会更愿意追随你。请记住，热情永远比冷冰冰的说理更有力量，而真正的热忱是最具感染力的。

## 批评的艺术

一位管理者不能老是"做好人"，有时候你必须责备和惩罚，假若你不这么做，错误的事将接二连三地发生。当领导的人会责备也成为一种有效的沟通方式。

### 1. 及时纠正错误

巴顿将军劝告别人，对犯错误者应该立即责备，他自己的部下每逢犯错，他也会立即让他知道。他曾经这样说过："虽然在战斗训练中我不能杀人，但是我会让那些犯错的人因我发怒而情愿死去！"

巴顿的这个说法和目前最现代化的责备理论不谋而合，这真是件有趣的事。布兰佳和约翰逊在他们的畅销书《一分钟经理人》中建议："要在错误发生后立即加以责备。你要明白指出他们错在哪里，用坚定的口气告诉他们，你觉得他们错了。"

另外，你应该记住，责备是批评的一种。因此你应像我们在前面所讨论过的，如果你知道犯错者有不得已的苦衷，那你根本就用不着再责备了。由于你在私下责备人，对你自己或者是别人都不会形成干扰。

假如你在盛怒的状况下，你可以告诉对方你在生气，而且告诉他你为什么生气。生气虽是可以的，但千万不要气得失去控制，失去控制表示你已失去原来责备的目的。

当你要责备人时，你得谨记你想达成的目标。你不是要伤害别人、引起别人反感或是恐惧，而是要让别人知道错误，谋求改进。

你应和他们握手或是拍拍他们，让他们知道你并不是和他们处于敌对立场的。你应该告诉他们你非常器重他们，同时要强调你只是责备他们这次的行为，而不是针对他们个人，让他们了解被责骂过了，一切也就过去了。

## 2. 惩罚意在教导

有时候，员工犯的错非常严重，你必须执行某种形式的惩罚。当你必须用到惩罚时，你不要犹豫，要知道拖得越久，对你和应该受惩罚的人来说，日子就越难过，也越容易使别人误解你惩罚不公平。

惩罚时，通常要附带某种形式的纠正行动。惩罚的含义不是为了惩罚而惩罚，而是要达到惩罚的目的。

在拉丁文字根里，"惩罚"的意义就是"教导"，惩罚的轻重全视管理者想"教导"对方的程度。假若你要团体中的成员尊重他们的管理者并尊重自己，要求他们做事达到最高标准，是要靠慢慢教导的，并不是一蹴而就的。你不能平日放松，忽然有一天一下就要求严格。

华盛顿曾说过："使人达到适当的服从，并不是一朝一夕可以成功，甚至也不是一月一年之功。"华盛顿明白，要培养一个团体的高标准纪律，乃是件极其艰苦的工作，需要花费很长的时间才能达成。

但他还未说出另一件事，那就是一个团体的纪律已经败坏，要想重整会比重新建立还要难上几十倍。这就是为什么有些领导被调职的原因。因为旧领导不能维持团体高度标准的纪律，只能靠换新领导来扭转乾坤。只有新领导才有可能建立严明的纪律，重建这个团体；旧领导通常已无能为力。

## 交谈中的忌讳

领导者在和员工交谈的过程中，有些态度和表现是相当忌讳的。这些态度和表现很可能使领导者丧失交谈中的主动权，导致交谈的失败。这些忌讳主要包括：

一是不要好斗。在和员工的交谈过程中，领导者应该尽量表现随和，通过热情和真诚来感化人，但是千万不要试图通过争辩来说服员工。争辩只能导致矛盾和不满，即使员工口头上认同领导者的说法，领导者也别相信他们已经心服口服。在和员工交谈的过程中，谁对谁错本身就是无所谓的事情，关键是要和员工形成一种有利于管理的关系。如果能和员工形成这种关系，员工永远是对的又有何妨？

二是不要以自我为中心。在和员工的交谈中，不要以自我为中心，否则很容易给员工造成他们无法控制局面的印象。在交谈的过程中，应该尽量让员工感觉到自己把握主动，所有的环境因素都在自己的掌握之中，在这样的环境下，员工才有可能自觉自愿地和领导者形成一种良好的关系。

三是不要言过其实。对员工的赞扬应该有度，对自己的介绍也应该有度。过分的渲染或者热情都会让人产生虚伪的感觉，而虚伪的感觉一产生，领导者所致力建立的诚信体系自然土崩瓦解。言过其实的说法是不足信的，这是每个人都知道的常识。

四是不要挖苦员工。员工不管说了什么做了什么，领导者都不应该挖苦员工。即使员工在众目睽睽之下有任何不雅的动作或者不雅的言谈，领导者都不应该挖苦他们，要注意时刻体谅员工，原谅员工的过失。挖苦员工对领导者来说没有任何好处，相反，如果体谅员工往往能够得到员工的认同。

## 下属顶撞自己怎么办

水至清无鱼，人至察无徒。这就是告诉我们，待人处事太刻薄、结果就会与人难处。作为朋友，你就不能用自己的标准去要求和衡量所有的人，不能责备别人的"另类"。如果面对下属的顶撞，领导者应该如何做呢？

首先必须强调的一点是，异己的存在，可以促使你在决策时格外谨慎，力求科学严谨，以免被异己找出破绽，发现纰漏。同时他可以避免你无意识地发生错误，造成不可挽回的严重后果。可以说，下属的顶撞，就是竞争对手的存在，就是监督者的存在，他可以促使双方更加勤勉。

美国前海军司令麦锡肯去看望陆军司令马歇尔时说："我的海军一直被公认为是世界上最勇敢的部队，希望你的陆军也一样。"马歇尔不甘示弱，说："我的陆军也是最勇敢的。"麦锡肯问他有没有办法证实一下。"有！"马歇尔满怀信心地说。他随便叫住一个士兵，命令道："你给我过去，用身体去撞那辆开动的坦克。""你疯了？"士兵大叫，"我才不那么傻呢！"

此时，在这种关乎自己的面子和威望的非常时刻，自己的下属公然顶撞自己，领导一般都会勃然大怒。然而，马歇尔没有这样做，他笑了笑，然后满意地对麦锡肯说："看见了吧，只有最勇敢的士兵才会这样同将军说话。"马歇尔把士兵公然顶撞自己的行为，视为勇敢的举动，这正是大将军的气魄与胸怀！这就是成大事者的独特认识。

## 处理"刺头"技巧要高明

对那些有背景的员工来说，在工作能力上，这些人不一定比其他同事强，但是，他们的心理状况一般好于他人，做人做事方面更自信，加上背景方面的优势，更能发挥出水平。对待这种人，最好的办法是若即若离，保持一定的距离。如果在工作中有上佳表现，可以适当地进行褒奖，但一定要注意尺度，否则，这些人很容易恃宠而骄，变得越来越骄横。

对于那些有优势的员工来说，他们并不畏惧更高的目标、更大的工作范畴、更有难度的任务，他们往往希望通过挑战这些来显示自己超人一等的能力以及在公司里无可替代的地位，以便为自己赢得更多的尊重。因此领导者如果善于辞令、善于捕捉人的心理，就可以试着找他们谈谈心、做做思想工作。如果领导者并不善于辞令，那么就要注意行动。行动永远比语言更有说服力，在巧妙运用你的权力资本时，为这些高傲的家伙树立一个典范，让他们看看一个有权威的人是怎样处理问题、实现团队目标的。

对于那些想跳槽的员工，机会、权力与金钱是他们工作的主要动因。因此领导者在对这些员工进行管理的过程中，要注意以下一些原则：一是不要为了留住某些人轻易做出很难实现的承诺，如果有承诺，一定要兑现，如果无法兑现，一定要给他们正面的说法。千万不要在员工面前言而无信，那样只会为将来的动荡埋下隐患。二是及时发现员工的情绪波动，特别是那些业务骨干，一定要将安抚民心的工作做在前头。

领导者要区分不同的情况来对待以上三类员工，千万不能采取贸然措施将三类员工全部"炒掉"，以保持团队的纯洁度。因为这样的结果肯定是你得到的是一个非常听话然而却平庸无比的团队——根本无法创造更高的业绩。

# 第六章
# 打造执行力强的团队

　　一个企业想要发展，靠的不是个人的英雄主义，而是团队。团队需要用执行力去打造，只有执行到位，才能够应对多变的环境，为团队赢得先机。

　　通用前任总裁韦尔奇认为，所谓团队执行力就是企业奖惩制度的严格实施。而柳传志认为，团队执行力就是"用合适的人，干合适的事"。

## 管理大师都是造梦大师

有句名言是这么说的："如果你想造一艘船，你先要做的不是催促人们去收集木料，也不是忙着分配工作和发布命令。而是——激起他们对浩瀚无垠的大海的向往。"

真是一语惊醒管理人！

都说心动不如行动，但若是心不动，脚的行动又怎能坚定有力？

我想去那里，所以我努力；我们想去那里，所以我们团结。同一个梦想，同一个目标，让团队成员劲儿往一处使，心往一处聚。不管前方遇到什么挫折，员工都会觉得这只是小插曲，只要努力很快就会过去，一定可以达到理想的彼岸。

按照世界著名的领导力权威沃伦·本尼斯的说法：一个组织的梦想，就称为愿景。

为了打败严重威胁法国安全的欧洲反动联盟，在进攻意大利之前，拿破仑对他的部队说："我将带领大家到世界上最肥美的平原去，那里有名誉、光荣、富贵在等着大家。"

拿破仑精准地抓住士兵们的期待，并将之具体地展现在他们的面前，以美丽的梦想来鼓舞他们。这支部队的梦想，就是愿景。

可见，愿景不能仅仅是管理者个人的梦想，而必须是团队成员所向往的。正如本尼斯所说：

一个共享的愿景是人们感觉自己在做至关重要的事情，他们感觉自己在宇宙中留下印记。是这样一种感觉：尽管我们可能各不相同，但是我们是在一起做这个，而且我们是在做一些可能是改变生命，甚至是改变世界的事情。在这些团队中，管理者的角色在很大程度上是创造一个舞台，团队成员可以在上面"做他们的事情"。

研究愿景的管理类图书汗牛充栋，从多个角度分析阐述，给出了数不清的方法与途径。

对于愿景的"大道"，其实也是"至简"。现代管理学之父彼得·德鲁克认为，一个企业必须要思考这样三个问题：

第一，我们的企业是什么？

第二，我们的企业将是什么？

第三，我们的企业应该是什么？

这三个问题有了答案，企业的愿景就呼之欲出了。比如：

第一，我们的企业是汽车制造公司。

第二，我们的企业将是专业的、全球性的大型汽车制造公司。

第三，我们应该让更多的工薪阶层开上汽车。

"让每一个人都拥有一辆汽车"——这个愿景就呼之欲出了。这是100多年前美国福特汽车公司的愿景。当亨利·福特勇敢地向世人宣布时，很多人都觉得他是个疯子。但是历史最后证明，他是个伟大的企业家和梦想家。

不要担心愿景难以达成。容易达成的那不叫愿景，顶多叫目标。团队的成就不是由你遇到的问题决定的，而是由你所解决的问题决定的。领导力体现在解决问题，而不是背负问题，让问题越来越多。

愿景是团队启航的原动力，管理者是"船长"，告诉员工哪里有宝藏，给他们一个航向，让他们拥有一个实现自我价值的舞台。

## 走出小圈子，改造小圈子

有人的地方，就有江湖。有江湖的地方，就有帮派、圈子。

身为管理者，要注意团队里的小圈子。小圈子大都来自于同质性的结合——同乡、同校或相同的兴趣、个性，甚至利益。他们的影响力有时甚至会超过正式组织。

关于小宗派和小圈子的危害，邓小平曾深刻地指出："小圈子那个东西害死人呐！很多失误就从这里出来，错误就从这里犯起。"这一点也已经为历史所证明。

在林林总总的圈子中，以管理者为中心的圈子对团队的影响相对更大。

首先，让下级不舒心。管理者与圈子里的成员"卿卿我我"，让处于圈外的员工有被边缘化的感觉。圈外人在"我不受重视，不重要"的负面感觉之下，凡事消极应对。如果再加上管理者有意无意对圈子成员的优待，圈外的员工更是心灰意冷。

其次，让上级不放心。小圈子成员之间"情投意合"，行动协调一致。在圈子利益的牵引和鼓励之下，圈子成员结成了以团队管理者为首的超级战斗堡垒。这几乎可以说是"找死"的节奏。柳传志曾经评判一个令他头疼的圈子："当时他们成了一个集体，外人看来就是'帮'，人由他选取，财务上一度失控，下面人还说了一些更过分的话。如果在我的控制之下，还可以；控制不住，当然不行……他上进心越强，我们越感到威胁。"结果，这个让柳传志感到威胁的"他"，因为"经济问题"进了监狱，坐了四年牢（释放九年后宣布无罪）。

最后，让自己不省心。团队领导有几个"自己人"，貌似对于领导工作有利。一项新的措施发布下去，"自己人"总会力挺。但是，且慢，你若不回报他们无原则的迁就与照顾，如何换得这些"自己人"无条件地挺你？因此，表面的省心背后，堆积了更多不省心的隐患。

随着企业的发展壮大，内部形成小圈子就成为一个较为普遍的现象。作为团队领导，不必过于担心小圈子，因为这是人性使然。但是，也不能漠视这种小圈子的能量。

一般而言，任何小圈子结合后，必然衍生出不必要的排他性与敌对性——对抗其他小圈子或个体。这种负向特质的迸发，必将破坏团队整体的和谐。

作为管理者，既不能创建小圈子，也很难真正废除它们。小圈子的存在一定有其合理性，强硬改变只能适得其反，但是可以通过改善团队的环境，让其自然消亡，或者使其力量减弱，让大家将重心重新放到团队利益上。

首先,你要与各个圈子保持互动。与不同的小圈子保持等距交往,让他们获得"被关照"的满足。注意"等距"两字,不可刻意亲近某个圈子,也不可以刻意打压某个圈子,否则很容易陷入利害冲突之中。

其次,公司应当鼓励并提供各种机会、环境,甚至给予补助,积极推动创建各种具有积极意义的小圈子:登山社、语言社、才艺班、合唱团等。这些积极向上的社团,能够满足成员的归属感,进而创造出员工本身对公司的向心力与共识,也因此促进生产成效。这些蓬勃向上的社团,还能带动整个公司的组织气氛,使平素相互敌对的负向小圈子日趋消减。

最后,有计划地举办公司或部门的集体活动,可以是各种竞赛、运动会,甚至餐会,将原本频繁紧密的小圈子关系融入大团体中,进而与其他员工产生新的积极结合的力量,萌生对大团体的共识。

此外,还可以在各种计划、研讨或活动分组中,不露痕迹地"打散"每个固定小圈子的成员,让各种不同圈子内的成员组成新的小组,使原本封闭的"同质团体"变成开放的"异质团体"。甚至可以将开会、联谊时的小圈子扎堆的现象通过安排座位隔开,以此拓展员工对他人的接纳与了解。

## 为员工消除不安因素

工作中时常会出现一些因素,使你的下属员工感到坐立不安,如果这些情况是由于身为领导的你造成的,你一定要设法消除他们的不安。

我们先把员工分成四种形态，再依次分析：

第一，稳定型。认为工作既能胜任又感觉愉快，而且工作环境也良好，自然身安心乐，此种称之为稳定型。这一形态的员工，大多会稳定下来，不容易见异思迁。

第二，矛盾型。认为工作既能胜任又感觉愉快，而工作环境则可能会有很多不如意的地方，此时去留参半，出现矛盾心理，时常犹豫不决。

第三，游离型。认为工作环境相当良好，不过工作不能胜任。遇到有更合适的工作机会，就一定会离职而去。

第四，滚石型。工作既不能胜任又不愉快，对工作环境也有诸多不满。在这种情况下，实在很难安心工作，以致骑驴找马，一有机会便准备跳槽。

矛盾型的员工觉得工作相当理想，辞掉十分可惜。但是在工作环境方面，则可能会有许多不安，如照明不佳、通风不良、交通不便、噪声太大、空间太小以及用餐不方便、安全不放心等，使员工觉得内心非常矛盾："走，可惜；留，难过。"这时候我们应该区别员工的不安，区分为个人的或集体的两大类。个人的采取个别解决，集体的则由公司统一予以改善。

消除工作环境方面的不安，可以按"马上能做的，立刻解决；过一段时间就能改善的，宣布解决问题的时间表；暂时不可能解决的，诚恳说明困难的所在"的原则，逐一加以改善或说明。只要员工觉得合理，自然会消除不安的感觉，使自己改变心态，从矛盾型转变为稳定型，从而安心工作了。

游离型的员工，认为工作环境相当理想，可惜难以胜任，当然谈不上愉快。

工作的胜任与否，直接影响员工的工作业绩及对工作的满足感。员工的个别差异，正是领导分派工作时必须考虑的要素。员工的特点应该适合工作的特性，比如增长需求较高的员工，可给予安排比较复杂的工作；而增长需求较低者，则不妨调派比较简单的重复性或标准化的工作。

实施在职训练是使员工由无法胜任转为胜任的一种方法。定期或不定期的工作轮换，则是增加员工工作变化性的有效方式。变化性加大可以降低对工作的厌倦程度，是工作的横向扩大。工作丰富化在垂直方向上有所延伸，增加员工的自主责任，使其获得更为完整的满足。工作改善，自然减少员工的游离感，促其趋向稳定型。

滚石型的员工因为工作与工作环境都不合适，因而身不安、心情不悦。如果不想办法改变这种心态，就会造成不做事、光捣蛋的"老鼠屎"，令人头痛不已。

人力资源部门最好和他谈谈，但不可直截了当地指责他，用一个中国人熟悉的"缘"字来沟通。先说他似乎和现在的领导没有什么缘分，所以相处得不愉快，工作绩效也不高。然后让他挑选认为比较有缘分的领导，如果没有歧义，便调个部门试试；若是不愿意接受，也让他有自知之明，并不是人家都欢迎他。调职之后倘若有所改变，等于救活一个人；没有改变，则问问他的想法，自愿离职最好，不能自愿离职，人事部门可以正面劝导其离职另谋他就。

消除了下属员工的不安因素之后，下属员工才会全身心地专注于工作，为企业效力。

## 化解冲突，促进合作

在团队中，每一个下属成员其实都是你的合作者，你们之间如果都在努力工作，那么一定会有冲突。而你则要培养调和冲突的能力，要消除好胜心与控制欲，了解一些平息争端、建立合作关系的原则。

一些人对很久以前发生的矛盾依然耿耿于怀。这些人对过去的纠葛喋喋不休，不快的记忆始终影响着他们的生活，虽然已过去多年，但对他们来说就好像是昨天刚刚发生的一样。他们被往事纠缠，丧失了开始新生活的能力。冲突过去之后，在情绪上造成的影响还会持续很长时间。无论输赢，情感上的创伤都有可能伴随他们一生。在他们的余生中，他们会不断重复曾经"失去"的提升机会、"失去"的生意和"失去"的计划。这种狭隘的眼光会使他们长期沉浸在愤愤不平的情绪当中。即使他们在冲突中获胜，但他们的情绪化表现会导致人际关系的崩溃，这一严重后果可能是他们无法弥补的。他们会心情黯淡，情感上承受着重负，但却无法解决真正的问题，甚至从来也没有意识到这一症结所在。

无论是在商务领域还是在个人生活中，个人的成就与快乐往往取决于同他人交往合作的能力。心情舒畅的人可以把全部精力投入到面前的任务中，在工作中不遗余力；而心理问题得不到解决，就会对工作成绩和顺畅和谐的人际关系构成障碍。一个人如果心怀怒气，就必然会对工作效率与成就造成影响。

原则不一致是解决矛盾的根本障碍。所谓原则实际上就是广义上的矛盾，一旦在原则上达成一致，枝节问题就不难解决了，而要达成原则一致，就必须克服情绪上的抵触。你应当超越狭隘的个人立场，对于大多数人来说，做到这一点并不容易，学会用另一种方式处理矛盾有时需要花一生的时间。

要克服抵触情绪，首先要学会使用新型思维表达自己对矛盾的见解、感受和认识，从而找出解决之道。只要明确立场、稳定情绪，你和对方就一定能够共同化解矛盾。下面介绍几条原则。

**1. 条条大路通罗马**

相信多样性是第一条原则，也是其他所有原则的基础。所谓多样性，就是承认每一条途径都有其正确性，而且相信总会存在一条能令双方满意的解决途径。不相信多样性，问题就很难解决。必须相信多样性，才可能遵循另外十条原则，一步步找到解决方案。

由于人的创造力，多样性无处不在。你的创意就是价值产生的源泉。想想你曾经参加过的新企业、新团队和新企划，企业的价值、团队对整个企业的贡献以及企划的收益无一不是创意的产物。微软当初也不过是某人头脑中的念头罢了，大家集思广益，勇敢创新，最终造就了众多百万富翁，而这一切都来自多样性的无限发挥。

正因为如此，你才更应该高兴，有不同想法才是活力的体现。

**2. 充分利用资源**

大家一起工作时，常常会浪费资源。这是因为众人都没有一个明确的概念，不知道具体的奋斗目标和达到目标的途径。起初，大家都因为新的事业与合作关系而欢欣鼓舞、跃跃欲试。这时候的常规做法是未雨绸缪，仔细考虑所有可能出现问题的环节。这种假设一定会导致心存顾虑。不难预料，在开始合作之前，就可能出现敌对的关系，而且还可能使充满希望的积极前景变为猜忌与分化。人们会因此离心离德，完全无法实现有诚意的合作。

应该努力保证有成效的合作关系，对这一点要给予充分的重视。合作者之间要及时达成有益的共识，对合作的诸多具体方面进行深入的讨论，其中包括承认发生冲突的可能性并制定应对策略。在合作开始时进行全面对话，你就有机会充分考虑，确定进一步合作的条件是否成熟。这样就能够避免在没有希望的事业上浪费资源。

### 3.具有创造性

给自己订立一条规矩：无论遇到任何可能导致矛盾冲突的情况，都不要使用"麻烦"一词。应当把这种情况当作展示自身创造性的机会，首先要考虑积极有效的对策，而不能先被个人情绪冲昏头脑。关键是如何进行自我说服，如果你希望看到一种情况，你必须从内心里纠正态度，告诉自己，眼前的境况是一个机会而不是一个麻烦。

现在回想一些你在生活中没能满意解决的一些问题，反思一下你的解决方法。设想一下，如果你当时不是囿于个人的是非概念，你会采用何种方式解决问题？然后再考虑一下眼前的矛盾，抛开个人的思想偏见，你能否发现一些创造性的解决方法？你应该马上把这些方法付诸实践。

### 4. 求同存异促成问题的解决

目的是解决问题。谈判是为了达成共识,得到双方都希望的结果。正视不同观点的存在是求同的基础,解决分歧是达成更深共识的机会。现在许多常用的做法往往是火上浇油,使矛盾激化。重要的是采取措施化解矛盾,在不激化事态的情况下找出解决之道。

### 5. 心怀坦诚

和风细雨的柔和态度以及坦诚其实更加简单自然,因为平和坦诚才是真我本色,不必虚饰,不必处心积虑。这样你不用考虑如何圆谎或者与过去的表现相一致,你也不用刻意调整自己、揣度形势,只要凭本性言行就可以了。

### 6. 建立长期合作关系

新的思维方法要求双方协同合作,并分析可能导致矛盾冲突的形势。但是在传统的思维方式中,他们会摆开阵势,面对面地进行交锋;而在新型的思维方式中,他们会共同研究局势,探讨迎接挑战的方法。他们把自己看作合作者和共同的创造者,为得到最理想的结果而共同努力。他们维护相互之间的合作关系,在合作过程和迎接各种矛盾分歧的挑战中,建立并加深相互信任。

双方都清楚,无论如何,双方的目标是一致的,建立一个拥有有效解决机制的成功企业或合作关系,无论怎样困难,他们都会不懈地努力,不受个人情绪的影响,顾全大局,从对包括自己在内的各个方面的长远观点出发,迎接挑战,解决问题。

### 7. 依靠情感与直觉

情感上的创伤是各种困难产生的真正原因,只有在感到痛苦的时候才能超越矛盾冲突。比如，在开始一个新的合作关系时，最重要的是把内心里对事业的种种恐惧与焦虑表达出来，因而对自己的感觉直言不讳是达成一致的关键。

人是感情动物，因而也往往是比较主观的。首先，你要知道你的个人偏见何在，这样才能进行矫正与调整。只要形势发展顺利，不必去过多地干预，只要轻松地享受成果就可以了。

### 8. 共享信息

当出现分歧时，信息的流动就停止了。人们不再交谈，除非开口索要，甚至连文件也不再主动拿出来共同研究，这是一种令人遗憾的局面。其实，冲突与分歧已经明确表示，一定是信息交流或多或少地出现了问题，而信息交流、共同探讨、交换意见是解决问题的基本要求，中断信息交流就一定会导致冲突、拖延和目标的分歧。

要寻求解决问题的方法，就必须改变旧有的习惯。不能只要求别人考虑你的想法，要解决问题必须兼顾所有人的利益。你必须倾听、理解并尊重他人的意见，只有承认别人的需要，你才能得到自己所需要的。尊重他人的意见，你的意见才会得到他人的重视，这是寻求解决方法的关键所在。

一旦他人的利益得到关注，他们也会反过来关注你，由于大家共同关注形势，那么解决办法也就不难找到了。

### 9. 勤于学习

认真学习可以帮助你有效地避免好胜、刚愎自用、一味批评他人等以自我为中心的行为，学习让你始终处在发现探索的心境之中，从而使你能够自由地探寻问题的答案和具体的解决问题之道。这一过程需要你和大家合作，一起寻找最佳的解决方法，随着探寻过程的不断深入，大家互相交流自身的情况，并学习如何从整体的角度看待事物。

我们来设想一下，一群拥有共同目标的人聚在一起，每个人都掌握着一些关键信息，但谁也不确知问题的答案。大家通过坦诚的对话在原则上达成一致，比如，在合伙人之间的纠纷中，大家都希望有一个公平的解决方案，以便尽快恢复正常的工作秩序。

经过坦诚的对话，你知道了其他人的想法，同时也会对有效的解决方法形成自己的认识。在与不满的顾客，甚至和罢工的工人打交道时，情形也是如此。要想在现实生活的各种情况中创造价值与机遇，勤于学习、明察事理的能力是至关重要的。

### 10. 独立承担

虚心向他人求教是明智的，寻求别人的帮助会使你获益良多，但是把问题完全丢给别人去处理就不可取了。你也许会把矛盾冲突交给专家处理，因为你已经学会相信专家完全有能力妥善解决问题，但是这样一来，你就成了自己生活的旁观者，因而丧失了发现自身种种内在与外在矛盾的机会。在解决问题的过程中，你会发现自己的个性、处事标准以及性格中的各种特点。

在新的原则中，你始终是中心人物。你要独立承担各种问题，你要审视自己生活中的各种矛盾冲突与人际关系，你要为自己的生活经历与生活质量负责，而不是交给其他人，用他们的标准来塑造你的生活。另外，你也不能把责任推卸给别人。这样做损失很少，而所得却甚多——你可以借此认识自己，更深入地了解自己的性格特征。

## 11.让他们明白你们的目标

征服墨西哥的西班牙人柯特兹有一次面临一场大叛变，他决定和那些叛变者进行谈话，而他部队里的很多人，包括他的一些指挥官，全都认为他的行为过于冒险。

柯特兹没有逃避，他找到那些叛变者正在开会的地方。一时间，那些叛变者群情沸腾，全都骂他，有个人还大声喊着："这不关你的事，我们不会为你的光荣去送死。"

柯特兹没有理会这些冒犯，只是开口说："的确，我们这样做要冒很大的险，有人想回家，这也不是什么丢脸的事，我自己就想回家。但是我们是奉了命令，要来征服和开发这块土地的，因此我要留下来完成使命。也许你们中间有人不愿意留下，并不是每个人都有做征服者和开拓者的勇气。有这种勇气的人将赢得财富和声名但并不是每个人都需要财富和声名。因此，让我们现在来决定，看谁是有勇气来赢取财富和声名，谁又是想就此回国的。"

他拔出佩剑来，在他和意图叛变者之间画了一道直线说："凡是有勇气赢取财富和声名的，跨过线站到我这边来，其余的可以回到船上去。"

先是一个人跨过来，接着所有的人都跨越过来。从此以后，再没有人怀疑柯特兹的领导能力。

## 给员工提供事业发展空间

真正聪明的管理者用充分的发展空间、专业的挑战性、工作的创造性和各种各样的机会吸引员工，而不是刻意的挽留。

大多数管理者心目中的理想员工是这样的：对工作有激情，喜欢新的工作内容，希望参与较大项目，希望学习新东西，希望建功立业，等等。但是，公司是否具备吸引这样的员工的条件？或者说，有没有为员工的雄心勃勃提供了他们发展的空间？所以，真正聪明的领导是用这样的条件去吸引他想要的员工，即充分的发展空间、专业的挑战性、工作的创造性和各种各样的机会，而不是刻意的挽留。

为了让每一个员工都有事可干，公司必须将自己的总体目标细化，使每一个员工都有明确的工作目标，并以此作为对员工进行考核的标准。目标的制定要特别考虑两点：一是要考虑员工的兴趣，要有一定的挑战性。只有每一个员工都有了自己明确的目标，他才会感觉自己在公司"是有用的人""是有奔头的"，才愿意在公司长期地干下去，这便是我们许多老总常挂在嘴上的"事业留人"。

二是让员工了解公司的发展战略，使员工在公司发展过程中获得成功。如果公司能够通过为员工制定职业生涯规划，使员工看到公司的发展前景，看到其自身在公司的希望，他便会全力以赴地投入工作。

对于许多领导而言，对于下属员工的态度中总是含有一丝的恐惧，"我的下属这么能干，他会不会取代我的位置？不行，我要先采取行动，可不能让他的业绩太闪光"。这种想法对于公司的发展来讲是极其危险的，它在遏制了员工个人潜力释放的同时也造成了公司的发展停滞。如果你的领导是这样的一个人，我想你也会选择离开。所以，在公司中衡量一个领导工作有效性的尺度之一就是其下属业绩如何，如果他们得到了很好的发展，就会更容易接受组织中其他任务，自然会增加对公司的忠诚，他会留下来。

每一个员工的潜力都是一座宝贵的矿藏，即使是最平凡岗位上的员工。我们经常听到经理们抱怨下属员工的潜力已经用尽，其实不然，我们认为每个员工的潜力都是巨大的，他在于你用什么样的方式去发掘。如果员工感觉到了领导对于自己潜力的这种否定，他不选择离开才怪。因此，要激励员工对于自身潜力的再开发，引领他们向着更高的目标不断前进。

许多岗位要求从业人员具有一定的资格、教育、声望等，你如果想吸收并留住这些岗位的专业人员，就要展示对他们的赞赏和尊重，这种尊重和赞赏会有所回报。经视专业声望，你就会"迫使"一些重要员工转而寻求那些认同他们职业特征的岗位。树立员工专业声望的方法有：在公司的各项宣传中标明员工具体的头衔；在员工的个人名片中充分显示职位；鼓励员工参加各项同业活动及继续教育；为员工专业知识的使用提供工作舞台。

任何一项业务都有孕育、成长、成熟、衰落的生命周期，因此，持续成长的公司必须是这样一幅景象：首先是拓展守卫核心业务，同时还要不断建立新业务以及创造有生命力的候选业务。这样既是公司持续成长、永续经营的必然要求，同时又能为公司的那些关键人才们赋予新的创业机会，保证他们持续的创业激情。

## 积极推动良性竞争

团队成员之间的竞争是肯定会存在的。管理者的职责就是要遏制员工之间的恶性竞争，积极引导员工的良性竞争。

人都有对美好事物的羡慕之情，这种羡慕之情源于对别人拥有而自己没有的东西的向往。

关系亲密的人之间，这种羡慕之情尤为显著。这种情感有时因为某种关系的确定而消失，比如恋人之间，一旦确定了婚姻关系，对方的长处就被另一方共同拥有，这种羡慕之情就会消失。

而有些关系亲密的人之间的角色却不能转换，比如同事之间，大家低头不见抬头见，工作上又相互较劲儿，而别人的长处是不会和你分享的，这样羡慕之情便会长期存在。

羡慕之情会随着心态的调整而变化。有的人羡慕别人的长处，就想着自己也刻苦努力，学习到别人的长处，大家在能力、技术上达到一致。这种人会把羡慕渴求的心理转化为学习、工作的动力，通过与同事竞赛来消除能力上的差异，这种行为引发的竞争就是良性竞争。

良性竞争对于组织是有益处的，它能促进员工之间形成你追我赶的学习、工作气氛，大家都在积极思考如何提高自己的能力，如何掌握新技能，如何取得更大的成绩……这样，公司的各项能力就会大大提高，大家的人际关系也会更好。

但也有些人把羡慕别人的心情转化为阴暗的嫉妒心理，他们想到的是如何给别人脚下使绊子，如何诬蔑、搞臭能人的名声，如何让同事完不成更多的任务……想方设法拖先进者的后腿，企图让大家扯平，以掩饰自己的无能。这种行为会导致公司内部的恶性竞争。它会使公司内人心惶惶，员工相互之间戒备心强烈，大家都提高警惕防止被别人算计。

这样一来，员工的大部分精力和心思都用在处理人际关系上去了，管理者也会被如潮而来的相互揭发、投诉和抱怨缠得喘不过气来，公司的业绩自然会下降。

在这样的环境中，大家相互诉苦，谁也不敢出头，人人都活得很累，工作不能顺利完成，公司的业绩自然平平淡淡。所以管理者一定要关注员工的心理变化，在公司内部采取措施防止恶性竞争，积极引导良性竞争。

## 实行个性化奖励

许多奖励，如额外休假、发奖金、加薪等，都会增加公司的开支负担。经费紧张的时候，可以采取另外一些奖励方法，如表扬、加重其责任、当着别人的面给予肯定、增进领导和下属的私人关系等，这些也是很有效的刺激。运用这些方法能使职工期待领导的表扬或肯定，因而更加自觉努力地工作。

在第二次世界大战期间，美国一位陆军航空队的大队长发现：由于保养不良出事而损失的飞机，竟和敌人所造成的损失相等！

在用尽种种方法都失败以后，他制定了一个制度，对保养维护工作做得好的人给予奖赏。奖品本身并不值钱，只是些奖状、军中福利品，或是 48 小时的休假等。他对由于保养不良而中止起飞次数最少的、在出任务中机件故障最少的，以及出战任务次数最多的飞机的保养人员给予这类的奖励。

这位领导人费尽心思来扩大这些奖励的效果。他举行颁奖典礼，拍照片，并送去受奖人家乡的报纸上去刊载，而且还写特别推荐信和发公报。

这些奖品也许不值钱，但随着这些奖品所带来的受大众肯定和成为家乡的知名人物，意义却非常重大。这样加起来，你就会知道，每次奖励不只值 100 万美元。

这位大队长很快就拥有了杰出的飞机保养维护记录。

俗话说：重赏之下必有勇夫。许多公司采用高奖赏的办法来鼓励员工多做贡献，他们把高额奖赏送给达到或超越业绩目标的经理和营销人员，使全公司的人看清楚什么事对公司是最重要的。这样，每个员工就会明白，只有努力工作才能获得成功。

但是，有时奖赏规则会误导若干员工。无论如何评定，总会有人设法取巧。为了避免取巧，你至少要制定一套能激励大部分员工服务顾客的制度。通常这种制度应奖励长期而非短期表现，而且要对团体和个人表现分别设定奖励规定。这种经验是在像 MBNA 这样的著名公司中通过多次长期的摸索而创立起来的。MBNA 没有团体奖，他们采用 14 条考核标准来评估员工的表现，每三个月就根据这些标准颁发奖金。他们的成功经验就是考核加奖赏。

设立小型工作组，再针对小组进行考核，可能是目前许多公司最能激发成效的做法，20 世纪 80 年代美国最赚钱的钢铁企业，就将每个单位的工作人员限制在不超过 100 人。全世界经销福特汽车最成功的美国麻州唐·罗曼·福特发现，把技工和服务人员组成小组之后，车主的满意程度大幅度增加，这些小组都足以独立处理大部分问题，也可以使责任明确。通常，车主知道是谁在修理他们的汽车时，会比较放心。当小组工作出色被证明之后，他们的奖赏也相应地会提高。

但是有的公司却过分注重奖赏。而奇怪的是，老是给员工奖励反而会影响他们的工作态度。康宁公司主管品质的资深副总裁路德说：以前我们曾把因员工建议而多赚的钱和节省下来的钱，提出一成给建议人。但是，假如你是员工，你说你想出一种新打字机，可以替公司省下 100 万元；我却认为你的想法只能替公司省 1000元，于是你想拿 10 万元奖金，我只想给你 100 元。这种事情会造成很多的误解，而且蔓延得很快。所以我们决定：与其给钱惹得员工不愉快，不如取消金钱上的奖励。只要公司不从中打扰，员工还会做他该做的事。

## 想办法留住人才

想想自己做过的工作以及离开的原因，再思考一下那些以前和现在离开的优秀员工，有多少人离开的原因是因为不满意工作或工作环境？事实上是市场而不是你的公司决定了职员的流动。的确，你可以使你的组织更加完善，提供员工与其工作环境相一致的工作。但是，你不能计算市场对员工的拉动力有多大，你不能把员工藏起来而不被市场中的机会和具有诱惑力的招聘所吸引。

旧的目标是保证所有员工的流失率达到最小，而新的目标则是去影响那些要走，而且知道什么时候可以走的人。

如果把过去留住员工的管理方式类比为维护已经建好的一个蓄水池，那么现在你就是在管理一条河流。你的目标不是要阻止水的流动，而是控制它的流向并保证它以你要求的速度流动。

所谓顺应市场的方式，就是改变企业对员工的认识，以一种更有利于员工长期发展的方式进行管理。

有些企业只考虑员工的短期发展；还有的企业以为，只要给员工好的福利待遇就可以使员工长久效力；有的企业甚至通过合同的方式硬性地绑住员工想移动的脚，这些都不是科学的做法。综合起来看，以市场方式留住人才主要包括以下几个方面。

### 1. 补偿

这是目前最流行的方式。绝大多数公司极力通过"金手铐"——延期补偿或者其他"一揽子"方法——来锁定关键员工。补偿方式的好处是帮助我们衡量谁将要离开，什么时间离开。

### 2. 岗位设计

岗位设计的目的是长时间留住具有特殊技能的员工，仔细斟酌什么样的人才需要什么样的工作岗位配合。

让我们再看看 UPS 的做法。UPS 认为，司机是他们的关键员工。寻找、考察和培训一个合格的司机是消耗时间和成本的过程，而司机也需要几个月的时间来熟悉路线的细节。当 UPS 研究司机离职的原因时发现，司机由于装卸货物而被搞得筋疲力尽，于是立即把卸货等职责从司机身上移开，而设专人负责装卸货物，结果使司机流失率显著下降了。

### 3. 岗位设计的专业化

员工职责除了符合基本需要外，也需符合个人特点。Prudential（美国宝信保险）公司正在实施这样的项目，公司提供了各种各样的工具来迎合员工各自的兴趣、价值观和技能，并且鼓励经理们把报酬、收益和任务与员工的个人需要比较，看是否相配。

### 4. 发展公司内部的社会关系

员工对公司的忠诚可以消失，但对同事却不会这样。通过鼓励发展关键员工之间的社会关系，公司显然可以减少员工的流失率。通过在工作中创立和发展社会关系，比如高尔夫俱乐部可以创造一种社会纽带把员工们"捆绑"在当前工作中，等等。

一般来说，企业招聘员工的方式主要有以下几种：通过广告向全社会进行招聘，通过员工或他人推荐，招聘应届毕业生，猎头行动等。那么，究竟哪一种方式占主流呢？有统计显示，通过推荐方式录用的员工所占的比重是最高的——看上去很不可思议。

这种社会关系的纽带既然可以成为招聘员工的主要方式，那么同时也可以成为留住员工的重要方式。

从行为科学的角度来看，员工可以背叛公司，但是很难背叛他们的社会关系网，如果他们是通过社会关系的纽带进入公司的话，在他们做出离职决定时，也必须认真考虑这一因素。这是非常奇怪的，也许你不赞成这种方式，但是这种方式在挽留员工方面确有作用。

### 5. 解雇也是留住员工的方式

解雇是为了更好地聘用。但当公司决定要实施解雇措施时，注意力要经常放在那些可能难以留下的人身上，借此转移离职欲望不太高的核心员工的注意力，使他们与市场力量暂时隔离，但在随后的时间里必须采取一些针对措施。

总之，公司间合作发展员工和设计职业路径，确实在挑战着传统的人力资源管理——原有的管理策略基于员工是垄断的和私有的资产的假设——但事实上员工只属于市场。

一个不容置疑的现实是，管理者必须挑战自我，放弃旧的思维方式而采取更富有创造力的管理方式，以留住或解雇他们的员工。那些已经实施这些艰难项目的企业管理者无疑走在游戏的前面。

# 第七章
## 管理人的自我管理

作为一个管理者，一个起码的前提是：先得管理好自己。印度雷缪尔集团总经理兼伦敦商学院访问教授帕瑞克博士曾经说过："除非你能管理'自我'，否则你不能管理任何人或任何东西。""现代戏剧之父"易卜生曾经告诫他人："你的最大责任就是把你这块材料铸造成器。"说的其实也是这个道理。

帕瑞克认为，管理者多数时候想着的是如何去管理他人和事物，很少考虑怎样去管理自我。因此，这位博士把一半时间用于在全世界讲授自创的"自我管理"课程，他认为一个人最重要的是自我管理。华人首富李嘉诚先生在谈到自己的成功秘诀时，也不止一次地强调自我管理的重要性。

## 转变你的"官"念

谈起管理，多少年来根深蒂固地延续着一套老做法，经常像呼吸一样地自然表达出来，比如：

第一，主管是上司与员工之间的桥梁，负责上情下达、下情上传。

第二，组织如金字塔，有高层帅才，掌理决策；有中坚将才，负责计划及指挥；有基层干才，担任执行。

第三，管理不外乎是"胡萝卜加大棒"，强调领导统御与绩效的奖惩。

然而，这套传统的做法，已经面临着日益严重的挑战。越来越多的管理人发现，自己所使用的这套东西不灵验了。于是，大声感叹道：现在的主管太难当了！

美国著名的企业家布莱德说："要想在当今竞争如此激烈的工商界立足，唯一的存活之道就是不断地求新、求变。"的确，传统的管理学必须要进行大刀阔斧地改革了。当然，我们对传统的东西并非一概否定，而是要配合时代的需求和变化，在继承中创新，在扬弃中求变。

但也有不少人仍习惯于旧有的管理模式，他们认为，传统的那套毕竟经过时间与实践的考验，即使其中有许多东西已不合时宜，但比起新的东西来，至少要保险得多。

对此，我们不妨先用一则故事来说明。

一个连被派赴阵地，连长正在与排长研究作战方案时，敌人已至。连长高声道："等一等，待我们集合好部队，再正式开战！"

敌人可不管这么多，扫了一排子弹之后，继续前进。又遇到正在待命的一班士兵，领头的班长摇手高呼："等一等，待连长决定作战方案，排长亲临指挥，才能开战。"

敌人又一阵扫射，轻易地歼灭了这座僵硬的"金字塔"。

这个故事给我们的启示是：在竞争如此激烈的内外大文化中，已不能再一成不变地谨守岗位，否则一旦出现新情况，便一筹莫展，无所适从。

当今的组织已不再像金字塔那样阶层高低分明，而趋于像太阳系，每一颗星都重要，星与星之间引力均衡，自行规律运转不息。

在组织中，帅才、将才、干才趋于三位一体，上层的人要不时走到基层去参与活动；员工都是本身工作的"小老板"，分担部分管理的计划与决策。

至此，每一个员工单独工作时，自成一个完整的单兵作战体，结合在一起时，则成为理念、行动整齐划一的坚实团队。

一位著名的企业管理人调任某公司经理时，有人对他说："您使用原单位杰出的领导和管理方式来整顿本公司，必能收到同样的效果吧？"

这位管理人立刻摆摆手，说："千万不可这么说，本公司的制度运作已有相当水准，我是来进行协调和服务的。"

这真是一语道破了现代主管的"官"念，即由命令统御转向协调服务。

现代主管如果仍以为握有大权便能随便命令指挥，把部属压在下面，他必然要感叹"主管难当"了。

在部门里，我们常习惯地称"上司"与"下属"，其实应正名为"主管"与"部属"。不久的将来，连主管也应正名为"主办"，即单位的代表者，负责对外协调和对内支援服务。当然，这是后话。

作为管理人，你必须首先转变观念：乐于与比自己能力强者相处；真诚为部属未来考虑，找出每个人适合发展的方向；事事以身作则，付出真诚，带领每一位员工完成企业的使命。

## 管理者要以身作则

管理者的表率作用非常重要，这对下属既是一种警示，也是一种感召。管理者应遵循"面条理论"，是拉动而不是推动。拉，面条才会笔直地向前；推，面条就弯了，无法向前。

同样的战场，如果有军官站在队伍的后面，拿着枪喊"同志们，给我上"。士兵们可能不会那么奋不顾身地往前冲；如果有军官站在队伍前面，手枪一挥，大声喊："同志们，跟我上！"并带头冲在前面，士兵们可能就会奋勇向前，不畏生死。一字之差，效果迥异。

有一天，一位母亲带着小儿子去拜见拉·甘地，对他说："我儿子非常喜欢吃糖，医生说这样对他不好，但没人能够阻止他。我儿子非常崇拜您，只有您能制止他这种行为。请帮帮忙。"

甘地对这位母亲说："你们两个礼拜后再来。"

"可是我们走了三天三夜才来到这里。"妈妈抗议。

甘地仍坚持说："你们两个礼拜后再来。"

两个礼拜后，母子俩再度出现。

"甘地先生，请告诉我儿子不要再吃糖了。"妈妈恳求。

甘地看着那个小男孩说："小朋友，你不要再吃糖了。"

小男孩点点头，答应了。

妈妈道谢之后，忍不住问："甘地先生，这句话为什么两个礼拜前不能说呢？"

"因为，"甘地说，"那时我也嗜糖，我用了两个礼拜的时间来戒糖。我必须先戒掉吃糖的习惯，才能和孩子说。"

甘地被誉为印度"圣雄"，对自己的要求非常高。哪怕是要求小孩戒糖，他也自己先戒，可谓以身作则之典范。甘地号召印度人民抵抗英国的殖民统治，抵制英货，他自己率先示范，亲自耕地，亲自织布。正是在这样的感召下，印度人民才得以团结起来，取得最终的独立。试问：如果甘地放不下留洋博士的架子，要求别人抵制英货自己却使用英货，印度民众会信服他、追随他吗？答案显然是否定的。当然，抵制英货这种大节，相信一般的管理者都会做到，但你能做到亲自耕地、亲自织布吗？能做到要求小孩戒糖之前自己先戒糖吗？

有些管理者，口里说一套手里做一套，要求别人一套要求自己又是另一套。制定的一些规章自己不遵守，提出的要求自己做不到。好比黑夜里拿着一个手电筒，专照别人不照自己。

正如现代管理学之父彼得·德鲁克所说的："管理就是以身作则来影响他人。"管理者要用自己的行为引导和影响员工，从这个意义上说，管理者就是员工最好的榜样，管理者只有首先端正自己，才能要求员工。如果管理者自己都无法遵守公司的规章制度，那自然也无法对自己的员工提出高要求。员工在工作中时会观察自己的管理者，管理者的一言一行都会对员工造成一定影响。一个口口声声"以人为本"的管理者如果说的是一套，做的是另一套，则无法赢得员工的信任和尊重，甚至会让员工感觉被愚弄、被欺骗。以公司的电话私用为例，如果管理者都无法做到不打私人电话，却想要员工根除公话私用的问题，就有些自欺欺人了。

1796 年 3 月 10 日，拿破仑面对奥地利人的攻势，在罗迪架起桥，在桥的这边集结着法国军队。他的后面是 6000 人组成的军队。拿破仑在桥头集合了 4000 名榴弹兵，前面又布置了 300 名枪手。

随着第一声战鼓的敲响，最前面的士兵在一片霰弹的爆炸声中冲出了街墙的掩护，试图通过大桥的入口。但突然间，冲在前面的士兵如同收割机前的谷子一般纷纷倒下。紧接着，整个法国军队停滞不前了，有人甚至开始退缩了，英勇的榴弹兵被眼前的情形吓得惊慌失措。

拿破仑一言不发，甚至没有流露出一点责备的意思。他亲自来到队伍的最前面，他的助手和将军也紧随他冲到了他的左右。由拿破仑打头阵的这支队伍，跨过前进道路上的士兵尸体快速前进，仅用了几秒钟就越过了几百码的距离。对于奥地利军队的射击手来说，法军前进的速度实在是太快了。奥地利人射出的子弹根本不能阻止法军快速前进的步伐。

奇迹就在突然之间出现了：奥地利的炮手几乎在瞬间放弃了他们的武器，他们的后援力量也没有胆量冲上前与法国士兵交战，而是在惊恐中四散逃跑了。


与其说拿破仑用武力征服了对手，还不如说他用"以身作则"的大无畏精神征服了对手。

在军队里，领导者应该以身作则，身先士卒。在现代企业里，管理者也该如此。在一个团队里，一个领导者的执行力是下属执行力的上限，领导者没有执行力，你就休想让下属有很强的执行力。联想集团总裁柳传志说："企业做什么事，就怕含含糊糊，制度定了却不严格执行，最害人。"立下的规矩是要遵守的，不仅员工要遵守，领导更要带头遵守。领导者既是一个组织中发号施令的人，也是这个组织中的排头兵，你得让你身边的兵向你看齐，用你的行动来影响他人。

在传统语境中，身为管理者，大小总是一个官。当官——听上去感觉很好。其实，作为现代管理者并非只是做官，还要做事、做人、做典范。

## 管理应该平易近人

管理者的权威源于工作能力与个人魅力，而不是源于做作的摆架子。要明白，你永远不会因为会摆架子而做官，相反，倒是可能因为架子太大而丢官。也许你的初衷是要给人以精力充沛、做事果断的感觉，喜欢以强有力的形象出现在下属面前。但是请别把自己置于统治者的地位贱民。

很多年前，一场飓风袭击了一个著名的海滨城市，很多大树被连根拔起。一座年久失修的建筑，也在飓风中被夷为平地。

雕刻家见废墟中有一根柱子，虽然被雨水沤得有点发臭，但大小质地适宜，就清洗了一下，废物利用将其雕成一尊城隍爷，剩下的再雕了判官和小鬼。

城里人为了祈求平安，重建家园时，首先在废墟上兴建了庄严肃穆的城隍庙。

一位信佛者见雕刻家手艺精湛高超，尊尊佛像栩栩如生，便高价买下佛像，供奉在庙中。

除了雕刻家，很少有人知道这些菩萨的身世。于是，这城隍爷便在中堂正襟危坐，判官和小鬼分列两旁，真是威风八面，令人望而生畏。

很快，便有善男信女陆续进庙烧香上供，顶礼膜拜。城隍爷嫌香火不够旺盛，便派遣小鬼四方作乱，致使全城火灾频发、瘟疫蔓延，人人惶惶不可终日……

为了祈福消灾，百姓们接二连三烧香跪拜，祈求城隍爷庇佑。

城隍爷清点上香信徒，几乎全城户主均已进庙叩拜，唯有一名雕刻家未见动静。

岂有此理！在本城隍爷管辖的地盘内，竟然有如此目中无"神"的狂妄之徒！

"来呀！"城隍爷一拍惊堂木，"速将不敬神灵的雕刻家捉拿归案！"

判官立即率领众小鬼执行命令，很快将雕刻家押进庙来。

城隍爷怒不可遏，把惊堂木拍得震天响。

"不知天高地厚的狂徒，快快给我跪下，你知道我是何方神灵？"

"你原来是废墟中一根臭木头，是我亲手把你雕刻成神的模样的，你倒对我摆起臭架子来了！"

"大胆狂徒，胡说八道！"城隍爷瞪大了眼睛。

"千万别把眼睛瞪得那么大，眼眶里是鱼目混珠，当心蹦出来！"

城隍爷气得胡子直往上翘。雕刻家连忙提醒他："切不可翘胡子，那不过是女人的头发，我是用浆糊粘上去的，小心脱落！"

城隍爷坐上高位，得意忘形了。听了这番警告，便半信半疑地去摸摸眼珠和胡子。

果不其然，城隍爷的"眼珠"和"胡子"全都掉到地上，再也摆不了臭架子了。

169

以上是一则虚构的寓言。但寓言从来并非凭空杜撰，总是多少有着现实生活的影子。曾经有这么一件真人真事：早些年，一个人因为初通文墨，被生产队安排做记分员。自此后，他说话也有腔调了，走路也是昂首阔步、双手置后，遇上有人打招呼，他也学会头轻轻点头"嗯"一声。后来，有个朋友来看他，觉得他的行为很奇怪，就问他为什么这样。他回答说："我现在是公社的记分员了，当然得注意一下形象。"

综观那些真正有能力、有修养的管理者，都是平易近人，与下属平等相处的。要做到这一点，管理者首先必须使用平民化的言行，对人随和、亲切，而不要自抬身价、故示尊严，使人觉得他高不可攀，仿佛一尊巍巍的塑像，这或许能使人敬畏，但却不能使人亲近，这样的管理者便不能拥有融洽的人际关系，他自己的生活也会孤寂而没有生气。

## 领袖气质成就威望

"领袖气质"这个名词源于希腊文，原意是一件美丽的礼物。意思是说上天给你的某些东西，可以引申为与生俱来的禀赋。

但拿破仑却对这种解释不以为然。他说："我的权力靠我的威望，而我的威望全靠我打胜仗。假若我不再打胜仗，不再有威望，我的权力就会消失。征服造成今天的我；也只有征服才能保持现在的我。"

拿破仑说这段话的意思是：别人都认为他天生具有"领袖气质"，但实际上他是靠自己的努力得到成功的。为了保持这份"领袖气质"，他就得不断"努力"下去。他的话的确有道理。根据美国南加州大学两位研究员班斯和蓝纳斯的研究发现，成功的领导者常被人看成具有领袖气质。

再进一步说，这句话可以理解为：假若你要别人认为你有领袖气质，你必须先成为一位成功的领导者。拿破仑说得的确有道理。假若你非要等到成功以后，才去寻找所谓的领袖气质，那这所谓的领袖气质到底是什么？是不是这种领袖气质帮助你获得成功的？你是否能在成功以前采取某些行动，让自己能具有领袖气质？不管你如何认为，这里的确有方法。

美国的国防大学三军工业学院的学员，全都是经由联邦政府挑选的军中及民间的高级人员，本身已有相当地位和声望。

在每位学员进入国防大学受训以前，校方就发出一份领导才能评估表给这位学员的下属员工、上司及同事，要他们对他进行评估，填表人不用具名。这份详细的评估表分成 21 个部分、125 个问题，内容包括这位学员的领导才能，对团体的贡献和性格。

这些入选国防大学受训的学员，全都是已有成就的领导人物，正如所预料的，这份领导才能评估表一般都很好。

他们曾对 115 位学员进行的 995 份问卷调查，平均分数都超过了 4 分——满分是 5 分。

平均分数 3 分就算及格。换句话说，每个单项都能得到 4 分以上，表示这些受训学员领导才能已远超过一般领导者的水准。

在那期 115 位学员当中，"领导气质"这一项平均分数是 4.32 分，这种分数真是高得出奇。有一位学员更是出类拔萃，在领导气质这一项，他所有的下属员工都给他5分的满分！这表示说，他的下属员工都认为他随时随地都保有那股领导的魅力。

我们费了很大的力气想找出他这种魅力的秘密，但发现他看上去和一般人没有什么两样，个子也并不高。假若你不知道他在领导气质上得如此高分，你看不出他有什么特别的地方。

根据他的下属说，他之所以领导成功，部分原因是他的领导气质。更重要的是，他具备这种领导气质并不完全是出于天赋，而是经过后天刻意培养的。此外，每到一个他领导的新团体中，他又会积极行动培养另一种适合新环境的领导气质。

为了培养领袖气质，他采取了6种不同的行动。不少被认为具有领袖气质的领导人物，他们也都有类似的行动。他们培养自己领袖气质的行动可归纳如下：

第一，显示你的专注；

第二，适当的衣着；

第三，理想远大；

第四，对准目标，勇往直前；

第五，利用闲暇锻炼；

第六，建立神秘形象。

## 做好你的时间管理

有些管理者整天说自己"忙得没一点时间"，而别人也对他的评价是"玩命工作"，这样就可以被称为魅力领导吗？

其实，有些人会在心中怀疑你的能力：他是否适合做领导？不行就算了，何必那样委屈自己。

身为管理者，你必须学习在工作压力中，尽快"转换自我"，以免有过多的负荷与变故。在日积月累下，不只生理疲劳，还丧失了活泼的生命力及旺盛的进取心，更使自己失去了应有的领导力。

欲做一个轻松自在的领导，得知道转换自我，轻松地面对工作，处理问题。

报纸经常刊载美国总统又去度假了，不知你有何感想？连世界级的领袖都有时间休闲，而我们却在说："我忙得没有时间！"乍听起来似乎我们比美国总统更伟大、更重要。对于这种人，只能对他开玩笑地说：美国总统是处理国家大事，那你是办理世界大事了！

一样是管理者，为什么不活得快乐一点、轻松一点呢？这是现代管理者必须深思的问题。

"能在嬉笑中完成别人严肃认真所做的事，是最高的智慧。"爱默生的这一席话，对每一个辛勤卖力的管理者都是一种挑战。咬紧牙关的付出并不能持久，而懂得轻松自在的管理者，方能了解人性化管理的精神。

真正有能力的工作者，实际上并不忙碌，他知道预先拟定好工作进度后，再确实地执行工作。如果工作进行得顺利的话，就不至于仓皇不知所措。因为工作能力强，所以即使所做的工作量是他人的数倍，也能如期完成，达到事半功倍的效果。

在某公司营业部的王部长及张部长身上，就可以应验这个意义。

两位部长平日坐在椅子上的时间都不多，而且参加会议或出差的频率也大致相同。但是，如果有人打电话来要求和部长面谈时，王部长通常能马上跟人面谈，但是张部长却往往无法做到。通常王部长能冷静沉着地和人谈个二三十分钟的话，而张部长则是和人谈两三分钟，就没时间再继续下去了。

当中的理由应不难理解。因为王部长给予员工们相当的权限，使员工们能充分掌握部长的时间预定表和行踪，所以，王部长与员工之间，可以做很好的沟通和充分的了解；张部长则不然，他把一切事务全揽在自己身上，所以，员工常常因为搞不清楚张部长的真实状况，而无法赶上进度。因此，如要和王部长联络的话，通常只需要 5 分钟就可以联络上，但是张部长的员工却只能做些"大概明天上午会坐在座位上吧……"的猜测。

我们常会认为伟人很忙，会面的时间有限，所以推测和伟人会面是件很困难的事，其实不然（事实上，是因为他自觉尊贵，不喜欢随便和他人会面，所以，让人觉得和他会面相当困难）。但是，如果肯接受预约会面，而且能确实和人会面的人，才是真正的好领导、好上司。即使有浑水摸鱼，而谎称忙碌的情形发生，也不能因为忙于顾及琐事，而无暇做该做的工作，这时候，拟定一个工作进度表，就是相当重要的事。因为这样一来，就可以集中思考及注意力，所以，工作也可以顺利地进行，反而不会让人觉得忙得喘不过气来。

愚笨的管理，往往不懂得合理使用时间，拟订工作计划，只知道把工作一再拖延、堆积。然后，再慌慌张张地做一些徒劳无益的事，结果不但工作没做好，也把自己累坏了。

做领导首先面对的不是别人，而是自己。如何管理好自己的时间，让自己有充分的时间去做自己该做的事，这才是最起码的基本素质。

在管理学界，有一个"10/90 法则"，是说大多数管理者 90% 的决定是在他们 10% 的时间里做出的。有效的时间管理者总是确保最关键的 10% 的活动具有最高的优先级。因为这段时间是你拥有活力去完成剩下 90% 的活动的重要保证。

有效地合理安排时间非常重要，因为你有可能在这天里做了很多浪费时间的事：办事拖拉、会议冗长、上班漫谈、聊天、安排工作交代不清以致事情做错、不敢拍板等；指示、考虑事情过于复杂、管理者事必躬亲，完美主义办事，不考虑轻重缓急，凭记忆办事，主办人员迟到，同样的情况总是一而再再而三地出现等，甚至有很多时间是在大家不知不觉中被浪费掉的。帕金森定律指出，工作会自动地膨胀占满所有可用的时间。时间管理隐含着你可以为一项任务安排过多的时间，如果你给自己安排了充裕的时间从事一项工作，你就会放慢你的工作节奏以便用掉所有需分配的时间。这就是时间分配不合理造成的无形浪费。

一个成功者往往非常珍惜自己的时间。通常，工作紧张的大忙人都希望设法赶走那些与他海阔天空地闲聊，来消耗他们时间的人，他们希望自己宝贵的光阴不要因此而受到损失。

无论是领导还是员工，总是要能判断自己所面对的顾客在生意上的价值，如果顾客有很多不必要的废话，他们都会想出一个收场的办法。同时，他们也绝对不会在别人的上班时间，去和别人海阔天空地谈些与工作无关的话，因为这样做实际上是在妨碍别人的工作效率，也妨碍了自己应得的利益。

善于应付客人的人在得知来客名单之后，就能决定预备出多少时间，老罗斯福总统就是这样做的一个典范。当一个分别很久只求见上一面的客人来拜访他时，老罗斯福总统在热情地握手寒暄之后，便很遗憾地说他还有许多别的客人要见。这样一来，他的客人就会很简洁地道明来意。

某位大公司的老总向来就有待客谦恭的美名，他每次与来客把事情谈妥后，便很有礼貌地站起来，与他的客人握手道歉，遗憾地说自己不能有更多的时间再多谈一会儿。那些客人都很理解他，对他的诚恳态度也都非常满意，所以就不会再想到他竟然连多谈一会儿都不肯赏脸。

那些在大企业、大公司工作的许多经理们，以及在各外企工作的许多高级员工们，多年来都养成了这种习惯。

有很多实力雄厚、深谋远虑、目光敏锐、吃苦耐劳的大企业家，都是以沉默寡言和办事迅速、敏捷而著称的。即使他们所说出来的话，也是句句都很有准备、很到位，都有一定的目的。

他们从来不愿意在这里头多耗费一点一滴的时间。

成功者可贵的本领之一就是与任何人做任何来往，都能简捷迅速。一个人只有真正认识到时间的宝贵，才会将自己的精力用在最有价值的事情上。

在美国现代企业界里，与人接洽生意能以最少时间发生最大效力的人，首推金融大王摩根。

摩根的晚年仍然是每天上午 9 点 30 分进入办公室，下午 5 点回家。有人对摩根的资本进行了计算后说，他每分钟的收入是 20 美元，但摩根自己说好像还不止。

所以，除了与生意上特别重要关系的人商谈外，他还从来没有与人谈话超过 5 分钟。

通常，摩根总是在一间很大的办公室里，与许多员工一起工作，他不像其他的很多商界名人，只和秘书待在一个房间里工作。摩根会随手指挥他手下的员工，按照他的计划去行事。如果你走进他那间大办公室，是很容易见到他的，但如果你没有重要的事情，他是绝对不会欢迎你的。

摩根有极其卓越的判断力，他能够轻易地猜出一个人要来接洽的到底是什么事。当你对他说话时，一切转弯抹角的方法都会失去效力，他能够立刻猜出你的真实意图。具有这样卓越的判断力，使摩根节省了许多宝贵的时间。

## 管理者容易犯的病

具体来说，管理者要谨防身患如下几种"病"。

### 1. 妒忌

莎士比亚说过，妒忌是罪恶的根源。什么是妒忌？妒忌是一个人无法正视他和别人之间的差异，欲"高人一等"而不能实现时的一种表现。

妒忌比自己高明的人或许是人的本性，但是作为领导，却绝不允许妒忌自己的下属。

同事间可能存在明争暗斗的现象，患得患失的心理也特别容易伤害到彼此平稳的情绪，影响工作的效率。所以，我们要提醒大家，不要让忧虑、妒忌的心理吞噬了应得的奖赏！

聪明人是不会被妒忌心理中伤的，即使不甚开心，也不至于愚昧到将它表现在脸上！以长远的打算来看，万一你对你的竞争对象露出难色，或者处处与他过不去，你将来势必无法容纳各种有才华的人，你的部属也不会服从你的领导，冲突、难关重重包围着你。想想看，这是多么不值得呀！

染上妒忌恶习的人应该怎样克服这一性格上的弱点呢？首先要心胸开阔，正确对待在事业上和学习、生活上比自己能干的人。其次要充分认识妒忌产生的恶果。妒忌者多半把自己的主要精力和全部智能都下意识或十分明确地用于攻击和伤害被妒忌一方。虽然有些妒忌者也知道这样做于事无补，但仍像中了邪似的受制于它。

一种克服消极妒忌心理较好办法是：唤醒你的积极妒忌心理，勇敢地向对手挑战。积极妒忌心理必然会产生自爱、自强、自奋、竞争的行动和意识。当你发现你正隐隐地妒忌一个在各方面都比自己能干的同事时，你不妨反问几个为什么和结果如何？在你得出明确的结论之后，你会大受启示。长时间地停留在妒忌之火的折磨和煎熬中并不能使自己改变。要赶超他人，就必须横下一条心，在学习或工作上努力，以求得事业上的成功。你不妨借妒忌心理的强烈超越意识去奋发努力，升华这股妒忌之情，以此建立强大的自我意识以增加竞争的信心。

自卑感强的人容易妒忌，因为他们想逃避现实而故意虚张声势，因为惧怕失败而采取妒忌的手法。所以，首先要对自己的能力、潜力有一个客观的认识，不自我夸大，亦不自我贬低。只有在自我感觉好、自我意识能力强的前提下，才能变消极妒忌为积极妒忌，也才能在积极妒忌心理中获取能力、接受竞争意识的刺激。

当然，在你反问几个为什么之后，你可能会觉得自己的天赋、客观条件、知识、能力都不如人家。这也无妨，不要自卑，更不要嫉妒。你不妨再找找自己的优势，在某一方面发挥你的优势，在竞争中发挥你的聪明才智，从而找到你的心理位置，得到生活的乐趣。

在具体操作上，以下方法也很有效。

（1）想想别人好的一面，尤其是那些容易招致妒忌的成功人士

喜欢一个人不仅是因为他是什么人，同样重要的是，你必须看到不是所有的人都喜欢他。如此一来，你心里就不会有空间可以容纳妒忌了。

（2）经常设想自己应该做什么，而不是去想别人做了什么

如果别人获得的成就当之无愧，就想想怎么做才能够使自己跟他们一样，而不是嫉恨他们已有的成就。

**2. 向阴症与显微镜症**

只见山后的阴影，不见山前绚烂的阳光是向阴症的写照。也就是说，当被交付任务时，有的管理者往往只看见困难，注意小处，百般推诿而不愿朝着目标前进。显微镜症则是指管理者用显微镜式

的观察法分解部属的行为。非但吹毛求疵、巨细无遗，而且即使结果符合目标，主管仍针对程序问题大力追究，因此，虽然赢得了权威却失去了士气。

### 3. 摧残症

卡耐基曾说过：你要采蜂蜜，不见得一定要将蜂巢打翻。偏偏有些管理者却以摧残症——不断地摧毁部属的信心与尊严来凸显自己的权威。员工通常会有很多需求，如有个好家庭，有很多钱，能过好日子，有健康的身体，等等。在资源有限的前提下，管理者虽无法满足每一个人的需求，可是，尊严的满足却是管理者永远都可以做到而且不花成本的。但同时它也是最容易被忽略的。换句话说，虽然管理者的本意是希望员工更好一点，更上一层楼，可是若以摧残别人的自尊或信心的方式来表达，非但会弄巧成拙，还会失去员工的心。

### 4. 贪婪症

一些有"能力"的主管，他们共同的缺点就是喜欢打头阵、当指挥。他们不易相信部属的能力，已派给部属的任务，自己却更加倍地在做着。因此，他们对部属的要求相当严厉，丝毫不具同情心，有时部属要休假，他们就会表现出极端的不悦。当然，他们对工作相当卖力，而且会负起全责，因此，每一个细微的部分他们都要插上一手，在经理面前也从不错过任何表现机会。

在这种情形下，难免会产生一个结果，那就是将部属的功劳占为己有。把自己部门内的工作完全归功于自己是一种贪婪的行为，这是作为一个主管很容易犯的毛病。

要知道，一个喜欢抢夺下属功劳的领导是不可能成功的，他得到了近利，却忽视了远利。反之，一个不与下属抢功劳的领导，才有可能成功。

对于主管，不滥夺下属功劳似乎很难办得到。下属的工作有成果，不是领导从旁协助的吗？这项工作由计划到指派，都是领导的主意。主管们都认为下属的表现良好，全是自己的功劳。

下属的表现突出，管理者有一定的功劳应属无可厚非。但是，任何工作都不可能始终靠一个人去完成，因此你绝不能抹杀部属的努力。经常将成绩据为己有，失败的责任由下属自己去承担，这是最不得人心的管理者。

要令下属甘心情愿辛劳地工作，就要懂得将功劳归于他们，否则实难令人专心投入工作。下属的心里想："我做得多么好也只是你的功劳，让你在高层会议中出风头，我的待遇则不变，犯不着呀！"有了这种心态，做事就得过且过，所谓"不求有功，但求无过"的情况就是在没有功可拿的情况下出现的。

有时候，虽然下属的成绩并不突出，但你了解他们尽了力，也应嘉奖他们。例如，在上级面前说好话，甚至适当时让一些下属参与较高层的会议。

单靠业绩来评判下属的优劣，犹如管中窥豹，不够全面。主管应从不同的角度、用长远的目光来看下属的表现。无论他们所完成的事是属于重要的还是次要的，都应给予一定的称赞，比如"我没选错人""你又一次成功了""是你的功劳"等，下属会有成就感和继续努力工作的欲望。

不夺功才能成功，好比用远利换近利，作为领导，何乐而不为？

### 5.缥缈症

身居高位或身负管理要职，却不清楚自己的工作目标、内容乃至于组织目标及工作重点，是"缥缈症"的主要征兆。换句话说，对罹患此症的管理者来说，目标只是海市蜃楼般的名词，他仅能对组织目标空喊口号，却不知如何下手。所以，他无法也不能明确地指示部下工作的目标与内容。

另外，由于无法抓住重点，所以，"没有功劳也有苦劳"成为缥缈症管理者的护身符。也就是说，他认为只要待在公司、活动四肢便是在工作。结果，这些管理者一天到晚尽做些与公司目标无关的工作，根本无法解决实际问题。

首先，根治缥缈症的妙方在于抽离幻象。由于组织的目标通常较广泛，而且不见得与个人的目标、工作内容相吻合，因此，抽离幻象的意义在于管理者要在自身的工作范畴与定位内，将较抽象或较大的总体组织目标诠释为自身的具体目标与行动细则。简单地说，就是管理者要转化——尽自己的责任及工作范畴来达到目标。

其次，目标不是单一性的，而是有着具体的内容。例如，公司的目标是利润，而实际上，利润这两个字的意义对公司各部门是不同的。例如，营业额提升可产生利润；降低销售成本也可产生利润；提高毛利额乃至于费用的降低也是增加利润的方法之一。因此，在增加利润的大目标下，对每一个部门主管来说，如何感受、诠释"利润"深层意义的精要，在于针对其所管辖领域，将公司目标化为实际行动细则。例如，财务部门着重于降低费用；而销售部门则可提升业绩，或增加产品附加价值，以提高利润。管理者要能很清楚地了解组织目标背后的意义，将其化为各部门或个人的工作目标。

### 6. 刺猬症

防御功能太强是刺猬症的表现。当有些管理者被别人指出缺点或短处时，他会生气、反抗，不肯再听下去。而且，只要一感受到威胁的气氛，就会反射性地攻击对方，以求自保。再者，他们具有鸵鸟心态——自求合理化是防御功能的另一种表现。有些管理者会以办不到的理由自我掩饰，使自己宽容自己。或者，为了隐藏自己的无能，而特别强调能力较差的人，使别人觉得自己看起来还不错。

另外，神经质症——认为事必躬亲才能把事情做好，而不把工作授权给部属；唯我症——喜欢用自己的方法来处理事情，而不照标准程序，这些都是这类管理者的症候。前者由于杂务过多，被工作追得团团转，就算是鞠躬尽瘁，也不见得能死而后已；后者诸事无标准、无定型，造成效率不佳。

### 7. 暴躁症

楚汉之争，刘邦打败了项羽，笑到最后。

无论是出身，还是能力，作为楚国名将之后项羽都将刘邦甩出好几条大街。为什么刘邦能赢？

——刘邦情商高，项羽情商低。在史书上，我们总看到项羽怒、大怒、暴跳如雷，而刘邦则善于控制情绪、笼络人心。

起事之初，项羽手下人才济济，如韩信、彭越、英布、陈平、叔孙通，这些一等一的人才后来陆续投奔了刘邦。只有刘邦具备恢宏的气度和掌控情绪的力量，泰然自若地面对各种刁难，减少摩擦，化解冲突。

像项羽那样动辄大怒的领导，很快就会尝到众叛亲离的味道。美国总统布什说："你能调动情绪，就能调动一切。"工作中难免出现一些磕磕碰碰，领导若是情商不高，很容易造成团队情绪的不稳定。

解铃还须系铃人。今天的管理者既然了解了事情发生的前因后果，那么自我检讨与自我改进才是扭转情势的关键。因此，管理者应不断地自我改进，以期望对组织有所贡献，否则，只会自食恶果。